擊敗拖延，
就從當下的三十分鐘開始

10 大技巧，克服拖延習慣，轉變為高效生產者，
休閒時光不再有罪惡感

The Now Habit:

A Strategic Program for Overcoming Procrastination and
Enjoying Guilt-Free Play

目錄

前言 005
第一章 為什麼會拖延 019
第二章 拖延的模式 053
第三章 如何與自己對話 083
第四章 痛快玩樂，優質工作 109
第五章 克服障礙，採取行動 129

第六章　留白時間表　159
第七章　進入心流的狀態工作　193
第八章　微調自己的進展　219
第九章　生活中的拖延者　247

前言

人性一直以來都被低估了……（人類擁有）崇高的本質……會去追求有意義的工作、追求責任感、追求創意、追求公平正義、追求做值得的事、追求把事情做好。

——亞伯拉罕・馬斯洛（Abraham H. Maslow），《健全心理管理》（*Eupsychian Management*）

無論你是想克服拖延的專業人士、企業家、中階主管、作家或學生，或只是想更有效率地完成困難複雜的計畫，本書都能幫助各位達成想要的結果。如果你能夠有條不紊地處理較龐雜的工作，卻總是遺漏生活中各種基本事務，本書能幫助你釐清優先順序、採取行動，完成這些事項；如果你是行程滿檔、無暇喘口氣的專業人士，本書會提供一些策略，一方面改善你的工作品質和效率，另一方面也讓你理所當然地享受休閒娛樂，可以毫無罪惡感地好好休息。

如果你在面臨需要達成良好表現的壓力時，會極度恐慌、遭逢瓶頸，本書將清楚說明如何克服剛開始的恐懼，讓你順利踏出第一步，並教你善用有力的自我對話，做出負責任的決定，避免對自己傳達出「我應該」、「我必須」這類模稜兩可的訊息。

典型的拖延者通常能在期限內完成大部分的工作，但在最後關頭趕工，往往會帶來不必要的焦慮，還會降低成果的品質。每個人都會在生活中的某方面有拖延行為，也許是繳交報告、填寫複雜的報稅申請文件、粉刷房子……只要我們為了更緊急或是更有趣的事，推遲了其他事務，都是一種拖延。每個人都會延宕特定的工作或目標，甚至是徹底逃避。

從拖延者進化成生產者

拖延會讓人陷入無法逃脫的惡性循環：不知所措，感到壓力，害怕失敗，更努力嘗試，花更多時間工作，憤恨不平，失去動力，於是拖延。這種惡性循環以被壓力淹沒為始，最後以藉由拖延來逃避告終，只要身處惡性循環之中，我們永遠無法解脫。如此一來，我們沒有辦法毫無罪惡感地享受休閒娛樂，也就無法透過休息來回復元氣、增加創造力。突然之間，只要花時間在娛樂上，甚至只是花時間做些自己比較喜歡的事情，都讓人覺得自己在逃避應盡的責任。拖延對一個人的思考方式、工作、休閒、自我、成功的機會都造成了負面影響，也成為自我認同的一部分。

不過，各位可以培養「從現在開始」的習慣：學習放下對失敗的恐懼、被新工作淹沒的驚慌、低落的自尊心，把注意力聚焦在「現在」能夠做到的事情。本書的技巧與策略能夠幫助各位認同自己是個生產者、像生產者一樣思考、也像生產者一樣採取行動。

拖延的新定義

坊間有不少書運用通俗的心理學理論，說明拖延的原因。這些書為你貼上負面的標籤，讓你跟著開始自我批判，還要求你更有紀律、更有組織能力，言下之意是拖延的原因就是你太懶。然而，能夠辨認出問題的根源，不等於能夠提供解決問題的辦法。那些已經拖延多年、遲遲不肯面對生活重大目標的人，本來就很善於自我批判了，他們需要的是正向、務實的技巧，幫助他們跨越瓶頸，往目標邁進。

有些書會提供平淡無奇的建議，像是「把工作分成很多個小步驟」，或是「設定優先順序」。但是，這些你早就知道了。你早就聽說這些竅門，早就具備這些知識，甚至可能曾為這些方法花了大把銀子。然而，這種建議之所以幫不上忙，是因為它們都沒有切中要害：如果事情真有這麼簡單，你也辦得到的話，早就照做了。

人會拖延，不是為了要激怒別人，也不是因為缺乏理智。人會拖延，是因為他們太在意批判、失敗，或是太追求完美，導致拖延成了合理的選擇。

要克服拖延，就必須對人性抱持正面的態度。人性具備動力與好奇心，讓我們走出洞穴，住進公寓，也讓我們放棄安穩地在地上爬行前進，改而冒險直立行走；是人性驅使我們追求馬斯洛口中「有意義的工作、責任感、創意」。假如我們能夠善加運用這種力量，就能消除引發拖延行為的恐懼，為自己打開全新的門扉，通往了不起的成就。

本書提供的建議是奠基於一項事實：在生活中，總有些休閒活動或是某種形式的工作，是你絕對不會延後去做的。拖延行為並不是你的全部，你不會一整天二十四小時都在拖延。當你把注意力轉向喜歡的事，靈感、動力、好奇心受到激發，這時候的你就不是拖延者，也不是懶惰的人了。藉助這些經驗，你就能慢慢擺脫拖延者的身分，重新挖掘出與生俱來的驅動力，完成工作，做出貢獻。

如果早期的經驗讓你把工作連結到痛苦和羞辱，那麼光是面對一項嚇人或是令人不快的工作，都會喚醒你受到批判的記憶，這些批判不僅是來自你現在的上司，更來自父母、過去的主管、從小到大的老師。一想到要著手進行你自認不擅長的工作，你的內心便產生各種不安；你對於特定工作的印象，充滿了痛苦、憤恨、受傷，以及對失敗的恐懼。假如生活中有太多這類工作，對你而言，就好比明明踩住煞車踏板，卻還要繼續開車：你失去了動力，滿心懷疑自己究竟是否有足夠的內在驅力完成工作。此時，你的自我批判就顯得合理至極，你很可能就此認定自己是會慣性拖延的人，只要面臨特定類型的事情，便註定深受焦慮和自責所苦。

打破拖延習慣、增加生產力的第一步，是重新定義拖延，真正瞭解人為何拖延、如何拖延。拖延的行為並不是我們無法完成工作的原因，反而是為了解決各種潛在問題所做的努力，這些問題包括低自尊、完美主義、害怕失敗、優柔寡斷、工作和休閒失衡、無效的目標、對於工作和自我的觀感太負面……等等。

人會不得不採取拖延行為，必定是因為某些需求受到了壓抑。想要徹底矯正拖延，必須先處理這些未受到滿足的需求。本書採用一個新的定義：

> 拖延是一種心理調適機制，當一個人為了開始（或完成）一項任務（或抉擇），產生焦慮感，就有可能以拖延的方式應對。

根據這個定義，最容易拖延的人，其實也最難以承受批判、失敗、開始一項新計畫的困難、為了一項工作而失去其他機會的可能性。

培養「現在就開始」的習慣

「做就對了」、「再加油一點」、「有條理一點」之類的建議，都奠基於拖延的舊定義：「你的拖延行為就是最大的問題，只要你不那麼懶，就能夠完成這些事。」充滿好意的父母、老師、作家、親朋好友還會在一旁火上加油：「這個工作真的不容易，一定要很拼命才行，不要打混摸魚，在完成工作之前，沒時間讓你找朋友玩，也沒時間讓你休假。」他們傳達的訊息是：「人生很無趣、很艱難，沒時間做好玩的事；工作很嚇人，但非做不可。」這種對於工作和人生的舊思維，就像伍迪·艾倫所說的「人生很艱難，然後人就死了」，也像是清教徒的觀念：「生活不容易……人必須學會紀律。」

本書以較為正向的態度看待人生、工作、人類潛能與拖延，這些觀點較接近馬斯洛的正向心理學，而不是佛洛依德學派的觀點。我們對人性較有信心，因此跳脫一般只談

「怎麼做」的書，而是先引導讀者覺察潛藏內心深處的拖延主因：對於失敗的焦慮、完美主義、自我批判。

由於早年經驗和文化影響，你可能產生潛在的自我疏離現象，自我疏離會使你阻撓自己、抗拒自己，本書把重點放在如何療癒這個現象，打破令人窒礙難行的清教徒工作觀（也就是「生產力等於你這個人的價值」）、佛洛依德學派對於內在驅力的負面觀點（也就是「人的『低我』必須受到社會的壓抑和規範」），讓各位重建自身和工作的關係，化解內在衝突，能夠全心投入工作。

這本書會提供有效的工具，幫助各位建立內在的安全感、正向的自我對話，抒解對於不完美的恐懼，讓你有能力承擔風險，更快動手開始。

書中提供一整套策略，換言之，不只是單純告訴各位「怎麼做」，還根據拖延心理跟激發動力的原理，制定一套完整的計畫，教你如何切換成更好的思路，讓你做事更快、更有效率，也教你為何在生活中安排更多沒有罪惡感的休息時間，反而能夠消除拖延的深層原因，降低對工作的不滿，進而使你更容易著手開始工作、改善工作品質、激發做事動力。憑藉這套策略，你就能在幾乎沒有壓力的情況下工作，並且不受罪惡感干擾地度過休閒時光。

本書提供以下十種強力技巧，帶領大家克服拖延習慣：

1. 創造安全感

假如在你眼中，要做的工作就像走鋼索一樣嚇人，本書會教你做好心理建設，好比在鋼索底下張開一面保護網，減輕對失敗的恐懼，即使犯錯，也能夠學著找回意志力，重新爬起來。

2. 經由正向的自我對話，消除負面的態度

辨識你向自己傳遞的負面訊息，了解這種態度如何產生負面影響，並以正向的話語取而代之，把力氣聚焦在和工作有關的思緒跟快速的解決辦法上。

3. 用拖延徵兆觸發新習慣

利用既有的習慣，引發新的好習慣，加以強化。

4. 不受罪惡感干擾的休閒時間

策略性地安排休息時間，把注意力從工作導向休閒娛樂，藉此在潛意識中製造「回去工作」的渴求。

5. 3D思考與反向行事曆

針對想要達成的目標，制定按部就班的行事曆，也要容納足夠的時間來休息、認可自己的成就，藉此控制被重要任務給壓得喘不過氣的恐懼。

6. 善加運用擔憂

針對會讓人分心的事物，制定因應計畫，幫助你達成目標，強化自己面對最壞狀況的能力。

7. 留白時間表

讓你對能夠運用的時間，有更實際的概念；透過預先安排不受罪惡感干擾的休息時間，讓你明白自由離你不遠；追蹤自己花在工作上的優質時光，讓你瞭解自己完成多少進度。

8. 設定務實的目標

停止設下目前根本不可能達成、只會讓人產生罪惡感的目標，而把力氣花在少數值得立刻開始做的目標。

9. 進入「心流」的狀態來工作

在兩分鐘內，擺脫原本備感壓力、動力低落的狀態，變得全力投入、充滿興趣、聚精會神。如此一來，你會瞭解，無論自己對這項任務有什麼感受，你都能在幾分鐘之內，達到最有生產力、最有創造力的狀態，持續工作。

10. 計畫好反彈

做好會退步的心理準備，這樣一來，真的故態復萌時便能迅速將之轉化為機會，事先預期自己會受到拖延的誘惑，讓人能更堅持不懈地執行計畫。

預見奇蹟般的改變

儘管本書提供的許多策略都稱不上新奇，但會讓你覺得耳目一新、甚至改變人生的部分是，你終於有辦法將這些強大的策略，套用在日常生活中的問題上。假如學會把注意力放在結果上、辨認並迴避舊有的問題，你會發現，即使面臨從前會讓自己充滿壓力、一再拖延的狀況，也能夠抱持樂觀的態度，充滿自信。或許你甚至會體認到，自己變得比較不會自我批判，對自己更寬容，也有能力把過去的批判轉換為正面、任務導向的話語，把伴隨著拖延的懊惱沮喪成功轉換為生產力。

我在三十年前取得博士學位，此後協助上千位個案、上百間機構，發展出一套策略，幫助參與者大幅提升表現、擺脫自我毀滅的行為、改善自尊與自信心。我自己也善用這些方法，擠出更多時間撰寫文章，刊登於《新英格蘭醫學期刊》（*The New England Journal of Medicine*）、《科學文摘》（*Science Digest*）與《讀者文摘》（*Reader's Digest*），還寫了四本書；在這個過程中，我一週大約能達成十五到二十個「品質良好」的工作時數，同時保留時間，毫無罪惡感地與親友好好相處，還維持體能訓練，跑了三場馬拉松。許多個案本來認定自己是無藥可救的拖延者，但在運用這套策略之後，也順利改善了拖延情形。

有了這套方法，我們再也不會像馬克吐溫所說的一樣：「每個人都愛抱怨天氣，但沒人打算做些什麼。」雖然我們改變不了天氣，我們卻能從今天開始，改變自己的拖延行為。「優質工作時光」和「毫無罪惡感的休閒時間」這兩項技巧，大大幫助了我自己、我的個案、許多課程的學員，相信也能幫助各位！

第一章

為什麼會拖延

健康的人喜愛參與能夠帶來豐碩成果的事務，並渴望高品質的生活。

——蕭伯納（George Bernard Shaw）

改善慣性拖延，從辨認自己的拖延模式開始。找出拖延的模式，就能運用適當的技巧，用有效的工作模式來取代拖延行為。

拖延的警訊

以下列出六大類拖延的警訊，幫助各位快速辨認自己是否深受拖延所苦、難以達成目標，或是具有效率不彰的工作習慣。

1. 你會不會覺得生活就是一連串無法達成的義務？

你是否

- 有一串長得不可思議的待辦事項清單？
- 常常對自己說出「我應該」跟「我必須」這幾個字？
- 覺得很無力，總是別無選擇？
- 覺得很焦慮、壓力很大，總是害怕別人發現自己在拖延？
- 受失眠所苦，在夜晚、週末、度假時（如果你真的去度假了的話）都無法好好放鬆？

2. 時間觀念是否很不切實際？

你是否

- 安排要開始做某個計畫時，總用「下週的時候」或「等到秋天時」這類不清不楚的詞彙？
- 不是很瞭解自己都把時間花在哪裡？
- 行事曆上一片空白，對於答應的事、事務安排、次要或較細項的目標、截止日期，缺乏明確的概念？
- 長期以來，赴約或參加會議時都會遲到？
- 總是沒考慮到在交通尖峰時間，開車到城市另一處真正需要花的時間？

3. 對於目標和價值觀的想法很模糊？

你是否

- 覺得很難長時間投入一項計畫或是遵守和他人的約定？
- 不清楚自己「真正想要」的事情，卻很清楚自己「必須想要」的事情？
- 容易從原先的目標分心，跑去做其他看起來沒有任何問題、沒有任何障礙的計畫？
- 無法分辨哪些事情最需要花時間，哪些事情不需要？

4. 經常感到不滿足、懊惱、憂鬱？

你是否

- 制定了一些人生目標，卻從未完成，甚至從未放手去做？
- 害怕自己永遠改不了拖延？
- 對於自己達成的成就，永遠覺得不夠？
- 總覺得生活好像少了什麼——如果不是一直在工作，就是對於自己沒在工作感到內疚？
- 不斷想著：「我為什麼要那樣做？」或是「我到底哪裡有問題？」

5. 難以下決定，而且害怕因為犯錯而被批評？

你是否

- 為了把事情做得盡善盡美，所以遲遲無法完成工作？
- 不敢承擔做決定的責任，因為你擔心如果出問題會被責怪？
- 連較不重要的瑣事都追求完美？
- 認為自己不該犯錯，也不該受到批評？
- 無止盡地擔心：「要是出錯怎麼辦？」

6. 低自尊、缺乏自我肯定的態度，導致你不夠有生產力？

你是否

- 因為害怕承認自己的不足，所以總是把失敗歸咎於外在因素？
- 相信「我做的事情決定我的價值」或是「我賺多少錢決定我的價值」？
- 覺得難以掌控自己的人生？
- 害怕他人對你做出負面評價、覺得自個哪裡不夠好？

如果你符合大部分的項目，你很可能已經知道自己有拖延、時間管理、工作狂的問題了。如果你只符合一部分警訊，你可能是在生活中某些方面會拖延，但在其他方面仍有相當的控制力。

如果你曾陷入拖延的惡性循環，想必已經親身經歷拖延會讓你付出的代價：錯過應徵工作或申請學校的截止日期、因為沒有後續追蹤而白白失去業績、老是遲到或臨時取消約會而導致關係破裂。不過，即便你沒發生過這麼極端的狀況，能夠善盡責任，完成所有該做的事、趕上死線，你還是可能受拖延問題所苦。事實上，大部分自認為拖延者的人，其實都能夠順利趕上截止日期，避免慘重的後果，但我們覺得太過倉促、壓力太大、對成果太不滿意，因此不得不承認，當我們面對嚇人或不愉快的工作，我們的問題比自己想像的還要大。真正讓我們感到不愉快的，其實是延宕帶來的持續焦慮，對於工作品質不佳而產生的罪惡感，以及對於錯過人生各種機會而產生的懊悔。

對人性抱持正面觀點

「為什麼要拖延？」遇到這個問題，最常聽到的回答就是：「因為我太懶。」可是，就算是最會拖延的人，也必然在生活中某些方面擁有足夠的動力和精力，譬如運動、休閒、閱讀、照顧他人、音樂、跳舞、出國旅行、投資、上網、園藝等等。所謂的拖延者存在於各行各業，在他們選擇投入的領域中達成了許多事情，卻在其他領域中根本無法動手開始。

本書採取的立場是，不認為拖延是因為懶惰、缺乏條理或其他性格缺陷，也不認為是由於大多數人天生愛偷懶，所以需要有壓力才會產生動力。

本書奠基於馬汀・塞利格曼博士（Dr. Martin Seligman）的正向心理學，也就是蘇珊・柯巴薩（Dr. Suzanne Kobasa）所說「強調人類擁有自動自發精神及韌性的心理學領域」。柯巴薩在她「堅強性格」（The Hardy Personality）的研究中表示，在關於人如何因應壓力的理論中，往往忽略了對於人類功能較為樂觀的詮釋。無獨有偶，已故的諾曼・卡森斯（Norman Cousins）在《笑退病魔》（*Anatomy of an Illness*）與《療癒之心》（*The Healing Heart*）中提出，現代醫學幾乎無視了人體強韌的自我療癒系統，而聚焦於疾病上。卡森斯認為，幽默和正面情緒、想法有潛在的療癒力量。針對拖延問題，本書也對人性抱持類似的正面態度。

你可能會問，如果人天生就能夠保持正面積極，那我們為什麼會拖延？丹尼斯・魏特利（Denis Waitley）在《成功者的十大行動指南》（*The Psychology of Winning*）與《樂在工作》（*The Joy of Working*）中，提出了一種解釋。魏特利將拖延定義為「一種非常焦慮的自我防衛行為」，目的是為了保護自我價值感；也就是說，當我們的自我價值感和獨立意識受到威脅，令我們產生恐懼，就會拖延。我們內在天生就有一股驅力，會去做能夠產生成果的活動，唯有在這份驅力受到威脅或壓抑時，我們才會出現懶惰的行為。「人會這樣做，不是為了讓自己感覺很糟，」魏特利說：「而是為了暫時抒解內心的恐懼。」

是什麼樣的恐懼，會迫使我們尋求這種毫無生產力的抒解方式？西奧多・魯賓博士（Dr. Theodore Rubin）在《同情心與自我憎惡》（*Compassion and Self-Hate*）中提出，人無法採取行動、達成力所能及之事、維繫關係，是因為恐懼失敗、恐懼不完美（也就是完美主義）、恐懼不可能達成的期望。恐懼失敗，意味著你相信就連最微小的錯誤，都證明你是個毫無價值的爛人；恐懼不完美，意味著你很難接受自己真實的樣貌（畢竟人都是不完美的，不完美也恰好證明了我們都是人），因此你將他人所有批評、拒絕、評斷都視為一種威脅，阻礙你達成遙不可及的完美；恐懼不可能達成的期望，意味著就算你已經努力過，也順利達成目標，卻擔心自己唯一的回報是更高的標準、更難達成的目標，沒有時間休息，也沒有空閒好好品味自己的成就。

魯賓博士表示，這些恐懼讓我們無法給予自己適當的自我疼惜與尊重，讓我們無法接受真實的自我與當下的成就。想要克服深層的拖延原因，就必須擁有自我疼惜的能力，這代表我們必須瞭解，**拖延並不是一種性格缺陷，而是在自我價值感面臨危機、產生龐大恐懼時，嘗試因應壓力的行為（雖然這種手段不盡理想）**。

對他人批評的恐懼非常關鍵，這份恐懼源於過度在乎自己是誰、做為一個人的價值、自己的工作。伴隨這份恐懼衍生的是追求完美（反而會造成我們效率不彰）、強烈的自我批判，也讓我們害怕自己為了滿足某個隱形的評審，永遠無法好好休息。

最強大的批評者：自己

一名年輕女子緊張地坐在等候室的沙發，看起來很像個迷茫的孩子，緊緊抓住手提包，坐在沙發邊緣，全身向前傾，彷彿身上發疼。她叫做克萊兒，我喊她名字時，她臉色一亮，試著微笑，笑容卻顯得緊張尷尬。她站起身，我才發現她身材高䠷，穿著體面，看來年近三十，只要她想，隨時可以收起剛才孩子似的外表，表現出符合她真實年齡和身材的樣子。

一走進我的辦公室，克萊兒便恢復剛才孩子似的姿態，駝背聳肩，弱弱地說：「我搞不好會被炒，這次考核的結果很差，要是我不改善，公司就會叫我走人。我覺得好糟，我這輩子從來沒搞砸過。」

這份工作是克萊兒第一次擔任管理職，前景看好，是在一間行銷醫藥產品、規模迅速擴張的公司。她滔滔不絕地說了超過三十分鐘，敘述自己一個關於拖延的故事，故事充滿尷尬、羞恥、自我輕蔑、不間斷的焦慮、長期的無力感、錯過截止日期、倉促完成工作導致沒時間檢核明顯的錯誤。

「我沒辦法處理公司所有的要求，他們要我學的東西太多了。」克萊兒說：「我工作老是被打斷，也沒人清楚地告訴我該怎麼做，我不知道他們想要我怎樣，總覺得自己好笨、好無能。過了一陣子，我變得完全無法開始一項工作，就算真的很想做也一樣，因為我太害怕犯錯了。只要我試著動手，就會聽見老闆的聲音，告訴我怎麼做才對、這件事有多重要。我做事的方式跟他差太多了。

「剛接下這個職務時，大家都很期待我趕快開始工作。之前做這份工作的人叫珍娜，留了一大堆待辦業務要處理，但每次我才剛要進入狀況，開始發展一些點子，就會有人跑來問我工作情況怎麼樣。要是我把我做的東西給他們看，他們就會說要接替珍娜的工作真的很難。過了一陣子，我乾脆不向別人求助了，也不把我做的東西給任何人看，假如遇到瓶頸，我就會變得非常緊張、憂鬱，只好先把事情都放在一邊，喝杯咖啡休息，或是跟別人聊聊天氣，只要能排除那種緊張感，做什麼都好。

「不過，這個狀況不是從這份工作才開始的。我會拖延不是一天兩天的事，從小學的時候就會了。我很清楚，我的慣性拖延一定會反覆發作。我從高中開始有潰瘍，在那個年紀，我總是很擔心交出來的作業很平庸，很一般。」

克萊兒提到「平庸」、「一般」這兩個字眼時，臉上閃過一絲嫌惡。我想，是時候該插個話了，在此之前，她花了不少時間扮演受害者、害怕又無助的孩子，這時她卻搖身一變，成了評審和批評家。評審和批評家算不上什麼正面的角色，但相較於她內心極度恐懼表現太差的那個部分，至少這兩個角色更加精力充沛、積極主動。

「克萊兒，『一般』對妳來說是很糟糕的事，對不對？」我問。「『一般』讓妳覺得很悲慘，好像自己一點價值也沒有。就我看來，妳對自己挺嚴苛的。妳認為自己凡事都必須表現優異，甚至是十全十美，要是沒達到這個標準，妳就會嫌棄自己。對妳而言，妳手上的那些事務不只是工作，還會反映妳整個人的價值。我敢說，如果妳的工作表現被評為『普通』，妳就會告訴自己『我很糟糕』，彷彿被評價的不只是妳的工作，而是妳整個人。妳什麼時候學會這樣跟自己說話的？」

這個問題讓她很疑惑，她想了一陣子。「從我有記憶以來就是這樣，從小別人就教我，不管做什麼都要當第一，如果表現不是最好，就等於失敗。要是我做得不夠好，我就會覺得自己是個廢物。」

克萊兒繼續告訴我，她是如何有時想當個懶惰的小孩，有時又扮演評審的角色批評自己。「我家有四個小孩，我是老么，上面有兩個哥哥、一個姊姊，都頗為優秀。當然，我爸的事業非常成功，很有錢，我媽則是很受人喜歡，不管做什麼都很拿手。我總是覺得我在拼命追趕他們，永遠都覺得追不上，因為他們無論做什麼都一定做得比我好。本來我想要學醫，可是那個領域競爭太激烈了，而且我大哥已經選擇在醫學界發展。從我很小的時候開始，要是我問他們功課，他們都會取笑我。大家總是期待我表現得很好，不會遇到任何問題，我猜他們覺得這樣是在對我傳達『我很聰明』的訊息。就算我拼命努力，拿到什麼成就，也絕對不會有人稱讚我，但要是我搞砸，像是歷史只拿了B的成績，就會被批評得很慘。我老是覺得背後有人在監視我，擔心我做得夠不夠好、看我夠不夠聰明。

「這輩子，別人都告訴我，要是想彈好鋼琴、跳好芭蕾、唸好書，必須非常自律。即使我想要出門跟別的小孩玩，我也覺得要強迫自己好好讀書。爸媽好像很在乎我能不能在某個領域表現亮眼，我想讓他們高興，所以我真的非常努力。我的表現都還可以，可是從來稱不上非常出色，從來沒辦法讓他們引以為榮。不管我再怎麼拼命，一遇到考試跟面試，我都會變得很緊張，結果永遠無法拿出最好的表現。我常常覺得，要是壓力沒那麼大，或是再給我一點點時間，我就可以把事情做得很好，但我的成績總是很一般。我討厭表現平平，但應該每個人都討厭吧？」

克萊兒經歷的童年，在拖延者身上相當常見：大人往往甚少給予讚美，因為「可能會讓你沖昏頭」，導致孩子經常感受到「我的努力永遠不夠」，彷彿無論怎麼做都無法取悅師長。年紀還小的時候，這些孩子就學到，每完成一項計畫，只會換來批判，或是所謂「有建設性的建議」，告訴他們該怎麼改進。他們清楚接收到一項訊息：「你永遠沒得休息，一定要毫不間斷付出努力。人生跟工作很難，不會讓你好過。在你享受成果之前還有一堆苦差事要幹，最好習慣把皮繃緊一點，因為成年之後情況只會更慘。你在外面玩樂的時候，鐵定有什麼災難正等著你，殺得你措手不及。」

克萊兒的童年經驗告訴她，有一部分的自己是懶惰的，因此需要自律、壓力和威脅，才能迫使她去做那些艱難的任務。她學會把內心習於批判、發號施令的那部分自我視為理所當然，認定應該由這一部分的自己來督促懶惰、孩子氣的自己。對克萊兒而言，她的內心永遠有兩個自我互相衝突，這也是她所知唯一的生存之道。克萊兒的故事隱含兩種會造成反效果的預設想法：第一，人的內心必須有衝突；第二，這種永恆的內在衝突是正常的，每個人都這樣，因為人性本來就是懶惰的。我想要挑戰這兩種想法。

「我猜很多人是這樣沒錯，克萊兒，」我說：「不過相信我，不是每個人都這樣，我也不認為妳生來就是如此。我敢說，曾經有一段時期，在妳還很小的時候，妳不管做什麼都會受到接納，大家都會認為妳做得很棒，妳每發出一個聲音，大人就會為妳鼓掌加油，對妳露出安撫的笑容，告訴妳妳會表現得很好。每個人都給了妳充裕的時間，用自己的方式和步調學習，就像在告訴妳：『我們愛妳本來的樣子。』」

克萊兒淚珠盈眶，忍不住哭了，接著又道歉：「對不起，我不是故意要哭的，我以前告訴過自己不要再哭了。我覺得自己好蠢，甚至不知道為什麼要哭。」

「會不會是因為，妳已經很久沒感受到這種無條件的接納了？」我問。「或許，妳也已經很久沒有無條件接納自己了。妳看，剛才妳很快就轉換成評審的態度，告訴自己『會哭好蠢，根本沒有合理的原因要哭，不要再哭了，立刻道歉』。現在的妳對這種聲音非常熟悉，甚至可以說是太熟悉了。妳是從什麼時候開始，學會用這麼嚴厲、批判的方式對自己說話？」

我想讓克萊兒看清她內心負面的「自我對話」，雖然她無法控制別人對她說的話，但至少可以控制她對自己說的話。受害者心態儼然成為她自我認同的一部分，讓她輕率認定評審的聲音是源自外界，但我希望她認清，這個專橫的評審正是她自己。我對克萊兒解釋，她大概是為了尋求父母的接納，才學會這個嚴厲的自我對話方式，如此一來，她必須先接受父母的觀點，認定有一部分的自己很差勁，必須時刻監控、施壓，才會乖乖聽話，即使那部分的自己根本不想做也要逼著做。於是，克萊兒在自我對話中學會扮演的角色，不是充滿關懷的父母，而是語帶威脅、時時評判自己的父母。

克萊兒的問題，相當適合用來說明愛麗絲．米勒（Alice Miller）在《全是為你好》（*For Your Own Good：Hidden Cruelty in Child-Rearing and the Roots of Violence*）一書中所提出的「有毒的教育」（poisonous pedagogy），這種教育會造成孩子自尊低落、對工作抱持負面觀感。克萊兒在年紀還小、沒有能力自主思考的時候，就學會了對於工作和自身能力的負面態度，如今她已成年，我希望她憑著自我意識，決定哪一種態度、哪些觀點是合理的。

此外我也認為，讓她瞭解我是基於哪些理論方法來解決她的問題，是很重要的事。我告訴她，我對人性抱持正面態度，相信人不論在身心各方面天生就會追求進步，當一個人產生拖延的行為，通常就是在這股驅力受到壓制的時候。

重新定義關於工作和拖延行為的幾個前提之後，下一步就是釐清克萊兒的拖延行為背後，究竟隱藏著哪些負面的預設想法。我請克萊兒花幾天的時間，記錄她什麼時候、為什麼會拖延，藉此弄清楚她通常會在哪些狀況下陷入惡性循環。一旦她發現自己在拖延，就要警覺到自己正透過拖延來逃避內在衝突和焦慮。

克萊兒根據她的記錄，列出她心中最常浮現的負面自我陳述，接著我們又根據這些自我陳述，發展出正向的反擊話語加以取代，讓她更能夠把心思放在手邊的事務，而不是花時間懷疑自己的能力或價值。

要重建克萊兒的自信、讓她有能力面對主管的批評，還有很長一段路要走。不過如今她擁有一套策略，能夠擺脫內心最強大的批判者，也就是她自己，這樣一來，我們就能減少克萊兒對於權威人物的抗拒，以及對失敗、完美主義、成功的恐懼。

克萊兒善用這本書的策略，擺脫了拖延者的自我認同，把注意力放在她的成就、能力、追求良好工作品質的驅力、對知識的好奇心、改善任何處境的渴望。克萊兒變得能夠肯定自己，不再那麼依賴他人對自身價值的評價，也能在不拖延的情況下著手處理工作。現在的她放下了對拖延的需求，學會以生產者的方式思考、感受和採取行動。

拖延的獎勵

我因為工作關係見過上千個拖延者之後，發現人會拖延有一個主要原因：**拖延能讓**

人暫時遠離壓力。在克萊兒的案例中，有很多潛在因素能讓她尋求拖延，而她之所以學會拖延，就是因為這麼做能有效緩和她對被批判的恐懼。

如同費德列克．坎弗（Frederick Kanfer）和珍妮．菲利浦（Jeanne Phillips）博士在《行為治療的基礎》（*Learning Foundations of Behavior Therapy*）一書中所說，人學會任何一種習慣，最大的原因是這種習慣會帶來立即性的獎賞，就連像拖延這種缺乏生產力的習慣也一樣。拖延能夠讓我們遠離令自己痛苦或充滿威脅性的事物，藉此減緩緊張感。工作對我們來說越是痛苦，我們就越容易逃避或去做其他有趣的事，來緩解痛苦；我們越是覺得永無休止的工作剝奪了休息的快樂，越容易逃避工作。

某方面而言，我們是對拖延上癮了，利用拖延來降低與特定工作連結的焦慮感。假如被我們延宕的工作後來證明不是必要的，拖延行為就有了正當的藉口，還得到加倍的獎賞。我們不只利用拖延來因應恐懼，也發現這是保存精力的好方法；我們學到，在某些狀況，拖延是合理的選擇，甚至能帶來好結果。

很多時候，普通的延宕行為其實會帶來獎勵，甚至是一種解決問題的方式：

- 一些被我們推遲的無聊工作，偶爾會被其他人完成。
- 如果遲遲無法決定是否買某樣東西，只要拖得夠久，那個東西就有可能打折或退流行。

- 拖延行為通常不會受到懲罰。實際上，每個人幾乎都在童年時期有類似的經歷：某次考試沒有準備而極度焦慮，結果恰好颱風來襲，學校停課，龐大的壓力就此抒解，我們也就此學會一邊拖延，一邊期盼類似的奇蹟發生。
- 先花一點時間冷靜，就有可能避免和父母、老師、主管、朋友吵架。
- 面臨棘手的抉擇時，假如等到獲得更多資訊，或乾脆放任機會流逝，自然能做出決定。

通常，別人都告訴我們拖延行為本身就是問題的核心，很少人視拖延為其他問題的外在徵兆。然而，這種觀點無法讓我們終結壓力↓恐懼↓拖延的惡性循環，反倒會讓我們責怪自己養成了這種糟糕的習慣，結果不幸導致情況惡化。專家、主管、親友都告訴我們：「你一定要很有條理，放手去做就對了。」於是我們嘗試幾十種安排行程、讓自己嚇得起身行動的方法，卻成效有限，因為這些方法想解決的是拖延行為（也連帶讓身為拖延者的你感覺更糟糕），而不是解決導致你拖延的真正問題。

如果我們認定自我價值是由工作來決定（「我做的事情決定我的價值」），我們自然不會甘願面對挑戰，也不願意在無法自我防衛的情況下承擔風險。假如我們相信，批評我們的工作就等於批評我們自身，那麼完美主義、自我批判、拖延就成了必要的自我防衛手段。只要旁人像是主管跟親友，發現我們遲遲不願開始或完成一項計畫，他們往往會基於好意，給予鼓勵、壓力、威脅，想辦法讓我們動工。我們一方面害怕失敗或不完美，另一方面又面臨他人的要求，內在衝突節節升高，只好從拖延尋求解脫。這樣一來，就形成了惡性循環：

過度要求完美→恐懼失敗→**拖延**→自我批判→焦慮和憂鬱→失去自信→更加恐懼失敗→藉由**拖延**來暫時解脫的需求更加強烈

開啟這個惡性循環的，並不是拖延。本書認為，觸發拖延行為的關鍵，是過度追求完美、要求太高、認為一丁點小錯就會造成大災難或引來嚴重批評的恐懼。

我們可能會對拖延的獎賞上癮，學會用三種方式拖延：

1. 利用拖延，間接抗拒來自權威的壓力；
2. 把拖延當成表現令人失望、不夠完美的藉口，藉此降低對失敗的恐懼；
3. 避免自己發揮全力，以因應對成功的恐懼。

下文將深入探討這三種拖延的主要原因，各位也可以分析看看，是哪一種原因造成自己的拖延模式。

藉由拖延來表達憤恨

如果有強大的權威令我們陷入別無選擇的處境，其他選項都會帶來負面的結果（要嘛繳罰金，要嘛去坐牢；要嘛放棄休假，要嘛丟工作），我們可能就會用拖延來扳回一城。這種時候，拖延行為就反映了我們對權威的憎恨，因為正是這個權威讓我們陷入怎麼做都不對的兩難處境。我們自覺是個受害者，人生被那些制定規則的人玩弄在股掌間，而我們面對這項不討喜的工作，只好不斷對自己重複受害者的經典名言「我非做不可」，又進一步強化了我們對規則的抗拒：「我一定要去繳罰單，這星期五以前一定要辦好，可以的話我才不想做呢。如果我是神，這世界上就不會有罰單了。」

身為無力的受害者，我們覺得自己沒辦法公開反抗，否則可能需要承擔不良後果（例如他人的憤怒或招來懲罰），也可能失去受害者身分附加的好處（自覺比其他人更有良心、認為自己在犧牲奉獻）。可是，透過拖延，我們就能在私底下暫時讓權威失去權力；我們反抗的方式，就是拖拖拉拉、愛做不做地把事情完成。假如我們的身分居於人下（像是學生、下屬、低階士兵），又想發揮一些微小的權力、掌控自己的人生，拖延可能就是最保險的手段。比起醫院的工作人員，臥病在床的病患似乎完全無助，幾乎沒有機會控制自己的生活，為了在控管嚴格的醫院環境中取回小小的主導權，於是遲遲不服藥、抱怨食物、「拒絕遵守醫囑」。裝配線人員或是最低階的行政人員遇到霸道的經理，往往會放慢動作、刻意不開始做事、說一步做一步、甚至故意搞砸，來表達他們的抗拒。

賴瑞是一名五十五歲的製造部門主任，任職於一間生產光碟的公司，他認為經理對他不公平，於是用拖延加以報復。之前有過好幾次升遷機會，全都沒輪到賴瑞，這幾年來，賴瑞眼見年紀比他小的人受到拔擢，他卻始終留在同一個層級，越來越忿忿不平。賴瑞沒有體認到自己對分區經理比爾的憤怒究竟多麼強烈，但他很明白他不能直接表達自己的感受，否則很可能「氣到失控，說出我的真心話，然後就會丟工作」。他覺得自己進退兩難，為了暫時解決問題，便以拖延間接表達憤恨、展示自己的掌控權。因此，在沒有想清楚為什麼要這樣做的情況下，賴瑞開始忽略比爾要他交報告或帳目的要求，每當主管叫他做任何事，就謊稱「忘了」、「弄丟了」、「身體不舒服」。

乍看之下，賴瑞的問題似乎是拖延和懶散，實際上卻是賴瑞為了應對內心深處的憤恨和受傷，才表現出來的行為。賴瑞深感無助、彷彿整個人生都停滯不前，因為他年紀太大，不適合再找新工作了，必須堅持繼續做這份工作，就算他覺得不公平，也不能說出口。

對賴瑞而言，應用本書策略時，最大的挑戰在於自我充能和停止視自己為受害者。賴瑞決定繼續做這份工作直到退休，也同意要每一天都做出具有自主權的決定，來挑戰他對自己所說的受害者訊息「我非做不可」。這份工作還是他的，他相信自己有能力把工作做好，而且能比公司其他員工更加優秀。他恍然明白，自己的行為恰恰佐證了經理對他的負面看法。於是賴瑞採取一系列步驟，開始以「**我選擇……**」這樣的句子進行自我對話，在工作上承擔更多責任，不再認定自己是個只能對主管唯命是從的受害者。

在這個過程中，賴瑞變得能夠設定更有效的目標，也接受了自己在公司內部的地位，不再緊抓著「我應該升遷到什麼位置」的幻想不放。對賴瑞而言，承認比爾掌權、又能影響他的工作，是很困難的事，但長久以來，他會陷入難受又消耗精力的內在衝突，正是因為他拒絕接受這個現實。比爾和賴瑞再也無法回到朋友關係，但他們也不需要視彼此為敵人——賴瑞下定決心要向比爾傳達這一點，於是採取了「我不是來妨礙你，而是來幫你」的工作態度，甚至三年來頭一次向比爾打招呼。讓賴瑞吃驚的是，他決定放下受害者身分後不到一個月，比爾就明白了賴瑞的用意，也發現賴瑞的態度驟變。現在，比爾視賴瑞為最信任的員工之一，賴瑞也因為自己成功改變工作環境和內心感受，感到充滿力量。由於潛在的憤恨和無力感消失，賴瑞也不再受拖延所苦。

確實，常有位階更高、握有權力的人會影響我們的生活和工作，甚至會批評我們的工作表現或能力。但是，他們絕不可能逼我們變成受害者或拖延者，只有我們自己能夠做到。

藉由拖延來抵抗對失敗的恐懼

如果你一向對自我表現要求極高，一犯錯就對自己強力批判，那麼在面臨很可能失敗的任務時，就需要一種防衛手段。其實，完美主義和自我批判就是害怕失敗的主因。每個人都有無法達成目標的經驗，這些經驗讓人非常失望痛苦，但完美主義者遇到失敗，就像血友病患者受到小割傷一樣：對健康的人而言，小傷口根本不足掛齒，可是對於體質敏感的人而言，卻足以致命。況且，完美主義者對失敗極度敏感，假如自己的表現被評為「普通」，就等於「整個人都毫無價值」。在極端的案例中，批評當事人的工作表現，就等於批評他的存在價值。

如果一個人認定非達成特定目標不可，絕不能失敗，那麼以拖延來防衛批評和失敗的需求會特別強大；相較之下，當一個人把自我認同感奠基在好幾種不同領域，若在其中一個領域失敗，會較有能力承受。舉例而言，比起業餘人士，專業網球員更容易為了輸掉一局而垂頭喪氣，因為對業餘人士來說，網球不過是一週要去參加的好幾種活動之一。耶魯心理學家派翠西亞．林維爾（Patricia W. Linville）證實了這個現象，林維爾的研究發現，一個人的自我認同越是複雜、多樣，越不容易為了特定領域產生憂鬱或壓力太大，因為「還有其他不受影響的領域，可以當作緩衝」。

容易受到壓力、產生拖延行為的人，會說：「這個專案就等於我，主管或客戶一定要喜歡這個專案，不然我做為一個人的價值就會受到否定。要是我今天做不到十筆業績，我就是個沒用的人。我究竟是人生勝利組，還是徹頭徹尾的魯蛇，就看我在這項專案的表現了。」既然工作如此沉重，決定了你的價值、你未來的幸福，產生壓力是必然的。你需要某種排解的方式，一方面降低焦慮感，另一方面也讓你停止把自尊心綁在這次比賽、這場考試、這份工作上。在這種困境中，拖延行為就可以當成延遲的手段，也是一種解決完美主義的手段。假如晚點開始工作，你就稱不上發揮全力，所以就算受到批評或是遭遇失敗，被批評的也不是真正的你或你的全部實力。假如遲遲不做決定，其他人會替你決定，要是出事了，你就不必負起做錯決定的責任。

對表演的焦慮和拖延行為讓伊蓮的生活一團糟，舉凡鋼琴獨奏會、工作面試、會議簡報，都讓伊蓮痛苦得宛如受到凌遲。光是想到自己犯了某個小錯，都能讓她驚慌焦慮好幾個小時，甚至好幾天。伊蓮的家人全都滿懷熱忱、精力充沛、成就非凡，族譜上到處寫著厲害頭銜：醫學博士、哲學博士、企管碩士、法學博士、社會工作學碩士、文學碩士，全都出自名校。她覺得自己彷彿身處金魚缸，每個動作都受到千百雙眼睛苛刻檢視。

她早已內化他人出於好意施加的壓力，認定自己必須十全十美，永不犯錯。這份完美主義使她每逢關鍵時刻便動彈不得，遇到自身表現會受到評價的場合，她也會藉由拖延來避開。

頭一次詢問伊蓮對於內在價值的看法時，她彷佛五雷轟頂。「價值怎麼可能是與生俱來的？」她問，「如果價值不是由我做的事決定，那是由什麼決定？」我問她，那些能力不如她的人又如何？她不得不承認，那些人就算表現不如她，仍然是有價值的，也應該受到尊重；可是，她很難以相同程度的寬容對待自己。想要避免拖延，她必須對自己承諾，每當她犯錯，就要提醒自己是有價值的，在短時間內原諒自己的不完美，迅速重新開始。換言之，伊蓮要學會接受自己只是凡人的現實。

藉由拖延，逃避對成功的恐懼

對成功的恐懼，環繞著三大原因：

1. 面臨可怕的抉擇，必須在成就和朋友之間二選一，因此陷入掙扎；
2. 順利完成一項專案，就要面對一些讓你不想成功的因素，例如搬家、找新工作、付學貸；

3. 達成一項成就，就必須面對更高的要求，你害怕總有一天會失敗。

掙扎

當事業成就造成關係緊張，兩個世界看似水火不容，就可能產生拖延行為。由於我們不願意為其中一方放棄另外一方，便試著採取妥協，一面花時間和朋友相處（儘管有時心不甘情不願），一面拖延工作，壓抑自己追求成功的動力。在一些狀況中，對成功的恐懼甚至會造成我們無意識地扯自己後腿。

成功的動力包含設定目標、把目標視為高優先事項、投入時間與精力加以實現。隨著你花越來越多時間和注意力在工作上，家人可能會開始痛恨你的野心和成就，認定你以工作為優先代表你越來越不在乎他們、工作會危及你們之間的關係。此時，家人的行為就像在說：「要嘛選我，要嘛選你的工作。」正如我的一位客戶所說：「我學到一件事，只要你不讓朋友感到嫉妒，朋友就會更多。」要是你的家人和個人成就之間產生了衝突，你就會陷入惡夢般的兩難。

就讀中學的桃樂絲在考試中如魚得水，卻沒有因此受到同學的喜愛。與其恭喜桃樂絲一次次取得好成績，同學寧可一起抱怨考試太難，加上老師總是偏愛桃樂絲，也讓同學不喜歡她。為了受到同學喜歡，桃樂絲不再全力以赴，成績開始起起伏伏、遲交作業。桃樂絲不能明目張膽地故意搞砸，她於是利用拖延行為來避免被同學排擠帶來的傷害。

等到桃樂絲成年，她深切體認到成功不一定是好事。雖然無法避免每一次成功，至少可以小心行事。因為她的童年經驗，她變得害怕競爭，原因不是她會輸，而是她會贏得太輕鬆。很弔詭地，儘管桃樂絲既聰明又擅長運動，卻讓她在中學時期交不到長久的朋友。

不過，大學就是另一回事了，她在這裡比較容易受到接納，有程度和她相等的同學跟她競爭，甚至有同學會挑戰她的極限。在大學，桃樂絲更有機會因為成就受到肯定。然而，桃樂絲和新交到的男友保羅上同一堂課，這讓她非常焦慮，害怕會破壞她跟保羅的關係。桃樂絲一發現她第一份作業拿到A$^+$，立刻要求教授調低她的分數，不要比拿A的保羅還高分，以免危及他們的關係。

幸好，桃樂絲的教授和男友都願意支持她的成就。她必須學會信任真正的友誼，這些好朋友會為她的成就而高興，不會像其他人一樣，因為嫉妒而遠離她；她還必須在兩難中抉擇，究竟是要全力以赴地追求成功的可能性，還是要受到那些不希望她太成功的人所喜愛。她明白，拖延行為對她而言成了一種方便的手段，讓她可以避免做出這個抉擇。只要桃樂絲肯面對成功可能帶來的後果（有些說不定是她自己想像的），她就能在工作中迅速做決定，再也不需要拖延。

讓人不想成功的因素

人會害怕成功，另一個較常見的因素，是當事人知道一旦完成某項計畫，結果會是好壞參半。無論是在職場或是學校，當一個人完成某個階段的事業或教育，很可能會停留在原地，不願意離開熟悉的環境去面對未知，不願意放下自己拿手的工作調到新領域，到時就又要像菜鳥一樣，尷尬地從頭開始學習。

要踏入所謂殘酷、現實的社會，對大學畢業的約翰而言相當不易。畢業不久，他就在一間公司找到工作，公司的人待他有如家人。然而，兩年內，約翰就學會了這間小會計公司能教他的所有東西，工作內容儼然成了例行公事，高階獵頭顧問也提供不少誘人的工作機會，全都是具有競爭力的大公司，工作內容很有挑戰性。一想到要離開舒適的地方，去一個大池子裡當一尾小魚，約翰簡直嚇壞了。為了處理這份對成功的恐懼，他花了許多心力列出換工作的利與弊，遲遲不做決定，就這樣拖了兩年。

我發現，約翰說話時非常習慣用「應該」（出現在他提到要力爭上游時）以及「我不想被迫這樣做」（出現在他談到要放棄安穩的工作時），這也代表了約翰常常用這兩種句型思考。約翰需要的是真正做出決定，並且承擔這個抉擇的後果。但他實在太害怕做錯決定，不斷自問：「要是我應付不來怎麼辦？要是我想回來老朋友身邊怎麼辦？」

要讓約翰有能力面對最深的恐懼，就要讓他明白，他未來也會有其他選擇，不見得需要事事順遂（包括工作和人際關係）。他也需要明白，就算他失敗，或是在新工作遇到一些困難，他也不該因為犯錯而嚴厲批評自己；他太要求自己表現完美，導致他缺乏空間承擔合理的風險、面對意料之外的困難。約翰必須學會自行創造安全感，容許自己在更有挑戰性的新工作中，一步步慢慢探索新的可能。

恐懼未來的失敗

假如你的表現一直很好，很可能會面臨越來越高的標準。如果你一直以來都沒時間毫無罪惡感地享受休閒娛樂，你或許會認為：「我沒辦法好好慶祝成功，因為我還要達成更多要求，這樣一來，就算成功也沒什麼意思。」

這個情形被我稱之為「撐竿跳症候群」，背後的思路是這樣的：你投入許多時間和精力，想要達成一個非常困難的目標，例如跳過十六呎撐竿跳。你非常害怕失敗，由於他人的壓力和自我的期許，你逼迫自己更加努力，終於勉勉強強跳了過去。眾人的掌聲只持續幾秒，你還在拍掉身上的灰塵，眼前的竿子就被提高到十六呎六吋。每成功跳過一次，你就越來越不願面對竿子，因為你知道勝利一瞬即逝，大家只會越來越期待你表現更好，但失敗的可能性也持續增加。哥倫比亞大學教育學院的德拉爾德・蘇博士（Dr. Derald Sue）曾說：

害怕成功，可以說是害怕未來的失敗。如果你成功做到某件事，自然必須進入競爭更強烈的新領域，導致失敗的可能性提升。往上爬得越高，競爭就越激烈，失敗的可能性也越大。如果你不能忍受失敗，又已經付出全副努力，這樣的未來想必相當可怕，因為你永遠不能回頭。不過，這一切都可以用拖延來解決：要是表現不如期望，你好歹有個藉口；要是幸運做到了，就代表你還有成功的空間……成功讓人焦慮，因為未來還有更多期待需要達成……拖延行為能夠提供些許保護。

這種模式常見於電影和運動明星，許多人不是燃燒殆盡，就是為了維持原有的生產力而依賴毒品。抗拒他人對成功的要求或期待，往往伴隨著對未來可能失敗的恐懼。通常當你迎來成功，你只想休息，但旁觀的人群、家人、提高的生活標準，都持續逼著你不斷努力。

因此，人之所以會害怕未來的失敗，有一部分原因是你總有一天會被逼到極限，再也無法說服自己繼續做以前逼自己做的事，你的動力已經乾枯，沒辦法強迫自己前進了。

到了這個階段，你需要更有效益的工作方式，也需要全心配合。你要放下從小學會的思考模式，停止告訴自己：「你很懶，總要有人逼你工作。」正因這個信念，你才會不斷逼迫自己，導致憤恨和對失敗的恐懼榨乾所有的精力，讓你無法有效率、有效益地達成目標。

要擺脫這種模式，就必須降低你連結到工作上的痛苦和威脅感、多安排讓自己不帶罪惡感享受休閒的時光、增加每工作一小段時間就能得到的獎勵、減少自己的壓力和緊繃感。

拖延是後天習來的行為模式，自然能夠學習改掉拖延。在此之前，拖延是你逃避痛苦枯燥工作的必要手段，能夠提供你獎勵；所以，**為了控制拖延，你必須培養其他面對恐懼感的方法**，讓工作不再顯得那麼無聊痛苦。本書會教你如何讓工作變得更有趣，提升休閒時光的品質和愉悅感，藉此克服拖延的習慣。

第二章
拖延的模式

人偶爾需要受到當頭棒喝，才能走出固定的模式。強迫自己重新省思問題，刺激自己拋出新問題，這些問題說不定會引領我們找到正確的答案。

——羅傑・馮・歐克（Roger von Oech），《當頭棒喝》（*A Whack on the Side of the Head*）

瞭解自己的拖延模式，甚至比瞭解為何拖延更重要。檢視跟察覺自身不健全的行為模式之後，我們就能夠把心力好好投注在培養全新的正向習慣。

想要提升表現，首先需要認清我們怎麼開始做一件事。只要我們可以辨認出自己不良好的行為，就能反過來運用這些行為的特點，把心力導向真正的目標上。

瞭解自己運用時間的方式

你要做的第一步，絕對比其他任何談拖延的書所說的都簡單：照你本來拖延的模式度過一週即可。

在那之後，本書會告訴各位如何辨認自己拖延的時機和方式，但現在只要先客觀觀察自己，就像人類學家觀察不同文化時，不做任何判斷，純粹記錄當地人的行為與習俗。不要批判自己，也不要分析自己的行為，在這個階段，只要專心觀察自己目前的行為模式即可。

觀察自己把時間花在哪裡。你生產力很高的時候，都在做些什麼？有些時候，你明明很忙，卻沒有完成任何事情，在這些情況下，你又是做了什麼？難以正確估計做完一個專案、前往某地、準時參加會議的時間，這些現象通常與慣性拖延有關。

想要改善拖延習慣，變得有生產力，就需要務實的時間管理、有系統地投入每一項工作。假如你長期慣性遲到、花太多時間處理瑣事、對截止日毫無心理準備、拖延十幾件事情、沒有足夠的時間享受休閒或經營關係，那你的時間管理就出了問題。

人為什麼無法妥善管理時間，有許多假設可以解釋，不過對大多數人來說，這些假設還是無法幫助我們解決困難。我們需要一套方法，幫助我們留意時間的流逝，並搞清楚自己如何運用時間。

連續三天，記錄自己所做的每件事情，能夠幫助我們掌握自己把時間花在哪裡。算出自己這三天在不同的事情總共花了多少時間，然後除以三，就是你平均每天花在那件事情上的時間，許多律師、建築師、顧問等專家都會用類似的方式，計算出要向每一位客戶請款的時數。

以下是弗蘭的行程表，你可以參考她如何記錄工作、在家、與朋友相處的時間。把一天分成三或四個區塊（例如早上、下午、晚上），會更容易評估你在什麼時段生產力最高、什麼時候最低。記下自己每天花在不同事情上的時間。

弗蘭在一間服飾公司擔任副理，由於在工作上習慣拖延而耗掉太多時間，希望有更多時間和丈夫、朋友相處，因此向我求助。弗蘭總是覺得每件事都倉促完成，沒時間好好做完最重要的事務，對於她完成的事情也缺乏成就感，休息時間都無法徹底放鬆。我們討論了弗蘭的目標，設定優先順序，接著弗蘭同意要記錄自己如何運用時間，如此一來，就能瞭解她實際花在高優先事務上的時間多寡，是否符合她的期望。

在弗蘭的案例中，「工作」的優先順序分為一、二、三級，她只有在真正完成高優先的工作時，才算是達成「優質的工作時間」。弗蘭沒有把讀郵件、打電話給客戶的時間給納入，因為她希望減少花在非主要目標上的時間。設定好優先順序之後，會比較能看清就長期目標而言，哪些事務是真正重要的。

艾倫・拉金（Alan Lakein）在《掌握你的時間與生命》（*How to Get Control of Your Time and Your Life*）一書中，提出要善用分類，將最重要事項列為一級，次重要事項列為二級，不重要的事列為三級；一級事項通常最有價值，也最需要心力，在幾個一級事項之間，可以安插一些二級或三級的事務，讓自己喘口氣，例如比較緊急的事項或開會。像這樣子分類能讓你清楚掌握，自己什麼時候是真的有進度，什麼時候只是在救火。艾德・卜勒斯（Edwin Bliss）在《把事情搞定》（*Getting Things Done*）中，則是用緊急程度當做分類標準，不過他也提醒讀者，最緊急的事不見得是最該花時間做的事。假如一個人該做的緊急事項太多，代表時間管理不良，而且可能習慣逃避長期下來較有效益的重要事務。

弗蘭的行程表

活動	時間（分鐘）

1. 早上，家中（7:00→9:15）	
起床前聽一下廣播	15
伸展、仰臥起坐、瑜珈	10
淋浴	15
換衣服	20
邊看電視邊吃早餐	30
將衣服送洗，順便拿晚上要穿的衣服，整理活動需要的資料	15
通勤	30
小計	**2小時15分**
2. 早上，公司（9:15→12:45）	
和老闆聊天	10

讀電子郵件、看新聞	20
打電話	15
放空、想想要買什麼東西	10
整理桌子、找資料夾	15
休息、喝咖啡、社交	15
工作（重要性低，3級）	45
接電話	20
工作（重要性高，1級）	60
小計	**3小時30分**
3. 下午，公司（12:45→6:15）	
午餐、社交	75
回撥電話	30
會議	60

工作（重要性低但緊急，2.5級）	30
休息	15
工作（重要性高，1級）	45
諮詢	30
工作（重要性中等，2級）	30
收拾，準備隔天的會議	15
小計	**5小時30分**
4. 晚上，家中（6:15→11:30）	
通勤	30
採買	20
社交、讀電子郵件	15
運動	25
淋浴	10

幫忙晚餐／準備晚餐	30
吃晚餐	45
看電視	60
打電話	20
繳帳單、記帳	20
閱讀	30
睡前盥洗	10
小計	**5小時15分**

總計：16小時35分

工作：3小時30分，運動：35分

我和弗蘭一同回顧她通常怎麼度過一天，注意到有幾個地方可以改善。

弗蘭決定早上立刻起床，不要花那麼多時間吃早餐。如果時間緊迫，就減少早晚看電視的時間，如此一來，她一天大約可以節省七十五分鐘，還能早點上床睡覺。她也決定把私人事務留到晚上處理，這樣上班前就能做好準備，也不會遲到。

如果一早首先處理重要性一級的事項（編列預算、應對客戶、採購等對公司長期運作有影響的事務），弗蘭就能減少浪費在郵件、電話、閒聊的時間。

除此之外，弗蘭的目標也包括花更多時間與朋友相處、留下更多時間享受閱讀和其他娛樂，於是她決定每週兩到三天改變午餐行程，只吃簡單的一餐，預留時間散步、做瑜珈、上有氧運動課，這樣比起中午大吃一頓，她下午會更有精神、更有生產力，也能空出晚上本來要運動的時間。

持續記錄幾天，你就會對自己如何運用時間有更清楚的概念。回顧一週活動的時候，不妨加總你花在手機、電子郵件、吃東西、閒聊、工作等等的時間，或許會找到你希望改變跟調整的行為模式。

你可能會驚覺，日常生活中發生的許多事，都和你設定的高優先事務沒有直接關係。別以為你每天會有八小時的優質工作時間，因為許多必須做的事不見得會讓你有生產力。舉例而言，在大公司工作就需要與人互動、開會、溝通，才能維持團隊合作，並為了共同目標而努力。

你只要找找看是否有能夠改善的部分，讓自己更有能力掌控分心或浪費掉的時間就好。只要想辦法，大部分來電或郵件都可以在你方便時回覆，不需要為了立即處理，而打斷專注力和動力。

你也可能發現，自己像很多人一樣，需要花超過一個小時來「進入狀況」，然後才正式開始工作。如果早上一進公司就開始做高優先的專案，而不是看郵件、打電話，你的效率會增加多少？想要改變的話，你必須打破這種不假思索做事的模式，早上一走進辦公室，就要有意識地做出決定。

用你的記錄，找出自己在拖延或是做低優先事項之前，通常會發生什麼；認清什麼事件會觸發不良習慣，就比較能幫助你切換到更有生產力的活動。

檢視過自己如何運用時間之後，你就會比較清楚，在一天當中的什麼時候，你最容易產生拖延。或許你也會發現，記錄自己花在高優先事務上的時間，讓你更容易掌控要把時間花在哪裡、更能毫無罪惡感地享受休閒時光，也更有動力把握機會，全神貫注做出高品質的工作。

拖延日誌

日期／時間	活動／重要性	想法與感受	藉口	嘗試的解決辦法	造成的想法和感受
2／6 9:30	所得稅／1級	我非做不可，但我不想。	外面天氣太好了。	只做一個表格就去散步。	因為有開始做事，感覺還不錯，散步很愉快。
2／7 10:00	修紗門／2級	今天星期六，我難道不能休息？	我好累。	看電視。	有罪惡感，怪自己太懶，怕老婆發火。
2／9 15:15	演講／超越1級	演講一定要很出色才行。	我太緊張了。	喝咖啡。	更緊張，覺得自己很爛。
2／10 9:30	對法官做簡報／1級	我不敢面對法官。	我怕會犯錯。	改準備證詞。	覺得自己很孬，隨著時間過去，壓力越來越大。

拖延日誌

記錄花時間的方式，能讓我們看清自己在哪些領域比較沒有效率或是容易浪費時間，但沒有辦法讓我們瞭解，真正投入工作的時候如果產生了哪些跡象，代表是時候改變自己所專注的事項，以免落入舊有的惡性循環。要看出這些跡象，需要做一份「拖延日誌」，把逃避的事情和特定的想法、藉口、嘗試的解決辦法、造成的想法連結起來。

記錄當下的行為跟想法，能讓我們知道該如何矯正；少了這份記錄，就幾乎不可能從過去的錯誤中學習。回想上一週，你知不知道自己做了什麼事情？流失多少時間？是什麼感受或想法造成你拖延？大概不知道吧。因此我強烈建議你用某種方式記錄自己的活動和思緒，或是寫拖延日誌，如此一來，會比較容易掌控自己的時間和行為模式。

我的另一位客戶法蘭克是保險業務，他在處理重要事項的時候非常有效率：工作表現良好，準時赴約、準時提交報告，也經常抽時間陪伴妻兒。只不過，他討厭處理瑣事，這些小事逐漸壓垮他，讓他認定自己是拖延者。他的桌面擺滿逾期帳單、該回覆的信件，這些東西經常就被各式文件淹沒。在一堆未整理的文件堆底下，壓著他答應要寄去紐約給家人的照片；在其中一個抽屜則放著去年夏天度假時買的好幾張明信片。

為什麼像法蘭克這樣做事有效率的人，會拖著不寄照片給他媽媽？我們一同檢視法蘭克的拖延日誌，看看究竟是哪些行為和想法妨礙他處理日常事務。法蘭克發現，每次他一看到那張桌子，就會因為桌上待處理的工作而感到不勝負荷，結果思緒迅速轉向其他事情，譬如園藝、替小孩做一張桌子、看工作需要的資料。除此之外，東西多到滿出來的桌子，也讓他痛苦地意識到自己還欠許多人一個回覆，讓他不斷自我批判：為何他的生活這麼規律，卻只有這個角落如此雜亂？對法蘭克而言，這些小事累積成嚇人的巨塔，他寧可去做更有成就感、步驟更清楚的事情。

辨認出問題的根源，法蘭克就能把「變得更有條理」的浩大工程，拆解成不那麼嚇人、足以消化的步驟。運用本書的策略，法蘭克放下了因為整張桌子太亂而產生的自我批判，轉而嘗試只花一小段時間（十五到三十分鐘）專注於完成一件事情（比如找出相片、寫一封信、把所有東西放進寫好地址也貼好郵票的信封），並調整休息時間和獎勵，改成每完成一小段時間的工作（整理文件、收拾帳單、寫個電子郵件）就可以休息或得到獎勵。

第一週，法蘭克把照片寄給媽媽、付了幾張帳單，還用直式資料夾把桌上的文件歸類，這樣才能迅速看清每個資料夾，不需要一再翻找文件堆。為了維持這份動力，法蘭克在一週中選定三天，要固定花一個半小時來收拾、處理郵件和帳單。這一切聽起來可能太簡單了，事實上，也確實很簡單——只要運用拖延日誌，辨認是什麼態度和自我對話阻止你動手做事，就能利用一次專心做好一小步的方式，取代本來的行為模式。

即使只做最基本的記錄，你也能從中得到非常重要的資訊，更加瞭解拖延模式和自我對話。最基本的資訊包括：拖延的日期與時間、拖延的事項與優先程度高低、對於這件事項的想法與感受、拖延的原因、使用的拖延行為類型、當下嘗試如何解決焦慮、最後造成的想法與感受。

記錄幾天拖延模式，就能夠認出哪些想法和感受會讓你達成任務，哪些會讓你繼續延遲、自我厭惡。以前面列出的拖延日誌範例來說，在第一件事項，當事人做了一張所得稅申報表就去散步，結果是他因為有動手做事而感覺不錯，也很享受散步；在第二件事項「修紗門」，他因為自由時間被打斷而心生憤恨，感到被壓得喘不過氣，於是跑去看電視，結果內疚、自責、害怕伴侶發怒。

像這樣分析拖延模式，你就能鎖定需要導正方向的想法和感受。你會發現，要是自己花在拖延的時間長得莫名其妙，代表你把極大的痛苦和這項工作連結在一起。假如你寧可跑去刷浴室水垢或整理衣櫃，你就知道內心的受剝奪感、自我批判、完美主義變得多強大了。若是你會用低優先的事務取代高優先的事務，你接下來就可以安慰自己，你還是完成了一些事情；然而，你完成的事依然是優先程度較低的，也只能帶來少許的滿足。除非你採取策略，從完成高優先事項中獲得滿足感，否則你會持續拖延下去。

拖延日誌也能帶領你看清，自己在哪些情況最容易拖延：

- **瑣碎的工作**（例1）：所得稅、計算收支、整理文件、把顧客記錄歸類
- **家事**（例2）：修紗門、打掃、收拾桌子、粉刷臥室
- **要求表現的工作**（例3）：演講、介紹產品、和員工談績效
- **重大或需要密集籌備的計畫**（例4）：準備案件摘要、宣傳活動、製作訓練手冊

辨認哪一類工作讓你最困擾，能夠幫助你做好心理準備，專注完成手邊的工作。

填寫拖延日誌中的「想法與感受」一欄時，請好好思索內心潛在的負面想法或信念，釐清是哪些想法讓自己產生受害者心態、被剝奪、必須表現完美、害怕失敗。這些感受以及引起感受的想法，會妨礙你有效完成較難的任務。以範例而言，這些想法可能這樣運作：

- **別人不顧你的意願，逼你做某件事情**：例1的所得稅、例2的修紗門
- **自己給自己必須表現完美的壓力**：例3的演講
- **害怕犯錯或招致批評**：例4的案件摘要

接著，繼續記錄你對特定計畫的反應，持續兩到三天，辨認你通常會把特定計畫連結到什麼樣的恐懼和壓力。舉例來說，你可能會注意到你把某件事想得太複雜，才會覺得做不到。特別留意你會對自己說什麼話，這些話又如何導致你拖延或動手做事（下一章將深入探討如何改變自我對話，讓你更有效率地達成目標）。

拖延日誌能讓你留意內在的自我對話，瞭解這些話如何幫助或阻礙你完成目標。一旦察覺這些自我對話，以及自我對話與拖延模式的關係，就能使本書的策略發揮最大功效。擺脫拖延習慣的第一步，就是看清恐懼如何導致你產生舊有的行為、創造安全感，以及如何提升生產力。

創造安全感：擺脫慣性拖延的首要步驟

為了讓大家更瞭解拖延行為是如何養成的，不妨運用想像力，把我們人生中遇到的考試、工作或重要任務，想像成要走過一塊木板。

情境A

你當下的任務，是要走過一塊實心木板，這塊木板長三十呎、寬一呎、厚一吋。你具備所有完成這項任務的體能、精神、情緒條件，你大可以小心地一步一步走，也可以跳舞、小跳步、一口氣跳過這塊木板，無論如何你都做得到，一點問題也沒有。

花一分鐘閉上眼睛，放鬆下來，想像自己身處情境A，留意自己對這項任務的感受。你會不會害怕，或是嚇得動彈不得？你想要拖延嗎？在這個情況，不可能害怕掉下去或犯錯，但你說不定會因為走過木板太簡單，為了宣示自主權，所以遲遲不肯開始走。

情境B

一樣想像自己要走過三十呎長、一呎寬的木板，你具備的能力也相同，只不過這次木板橫在兩棟大樓之間，離地面一百呎。看著木板另一頭，考慮一下要怎麼進行這項任務。

感覺如何？你想了什麼？你對自己說了什麼？花點時間，比較你在這個情境的反應跟情境A有什麼不同。注意看看，當木板高度改變、墜落的嚴重性變大，你對這項任務的感受改變得多快。

如果你跟上我課程的學員一樣，那你可能會說：「我在想高度的問題，要是掉下去怎麼辦？掉下去或犯錯的下場大概就是死。」

當然，在你專注於墜落的危險時，你忽略了這件任務其實很簡單，也忘了不過幾分鐘前，你可以好好完成這個任務，一點問題也沒有。現在，犯錯的後果太嚴重，你不得不停下來，認定這會危及自己的性命。你眼前的事情，不再是單純的工作、考試、專案，如今你的生命和未來都受到威脅，自然沒辦法冷靜看待。當你的視線越過大樓邊緣往下望，在內心想像墜落一百呎的畫面，你便會產生壓力反應，腎上腺素飆升。現在，你有了恐懼的理由：「要是犯錯，我就會死。」不管這件任務多簡單，不管你多有能力，這份恐懼（任何失誤都可能終結你的性命）都讓你跨不出第一步。

諷刺的是，就心理層面而言，把木板變高的人經常就是我們自己：是我們把單純的任務變成一場自我價值的測驗、當做我們還不錯的證據，或是藉此測試我們以後究竟是會變得成功又快樂，抑或失敗又悲慘。在大部分時候，是我們把「做一件工作」當成「測試自我價值」，只要可能犯一個錯，就像世界末日。童年經驗讓我們深信，自我價值是由工作表現決定，所以我們真正關注的不是把工作做完，而是極力避免一再失敗，才能保護好自己。

接下來，關掉情境B，深呼吸一口氣，再想像下一個情境。

情境C

你還是站在兩棟大樓之間的木板上，離地面一百呎，任務依然很簡單，你也同樣具備所有完成任務所需要的能力，但你依然僵在木板的其中一端，動彈不得。就在你想著該怎麼辦時，你突然感覺背後撲來一陣熱氣，聽見火焰劈啪作響的聲音——你那一邊的大樓失火了！

你現在有什麼想法？相較於上一個情境，此刻你關注的是什麼？想想看，就在剛才，你害怕從一百呎的空中墜落，所以動也不敢動。現在，你是不是在想：「我必須走過去，沒時間擔心會不會掉下去或是能不能做得很完美了，只要想辦法過去就好，尊嚴跟尷尬都不重要了。」

多數人在這個情境，都會發揮創意思考該怎麼走過板子，就算這些方法不完美也無所謂。參加課程的人會迅速把犯錯、盡善盡美這些事情拋諸腦後，甚至會說：「我就坐著挪過去，必要的話就手腳並用爬過去。」唯有因為會恐懼更慘烈的後果，才能讓我們克服對不完美、被批判的恐懼。

你是否注意到，當你發現在墜落的可能性之外，發生了更緊急、更真實的危機，你的想法也迅速改變？這是為什麼？你是否驚訝地發現，你天馬行空地想了各種走過木板的方式，完全不顧原先對於墜落的恐懼？不久之前，光是想像自己可能小命不保，就讓你充滿壓力，但只要一做出決定，你的全副身心便把本來擔憂、猶豫、拖延的精力，導向真正具有生產力的行動。假如火的意象還不夠讓你產生動力，不妨想像看看，木板另一端有個小孩正在喊救命，這時你對於表現完美和墜落的擔憂都會消失。人類的同情心和勇氣，也能讓我們克服恐懼與拖延的習慣。

由於出現了緊迫的時間壓力（例如截止日期迫在眉睫，就像情境中的火災），你一股腦投入工作，不管用什麼方法，做就對了。你不再只是面對可能發生的痛苦和死亡，而是真正的痛苦和必定來臨的死亡，於是你恢復行動能力，積極採取行動。

拖延的過程，就像是把木板抬高，讓自己嚇得不敢動彈，接著又點燃一把火，創造截止期限逼近的壓力。

拖延與焦慮的五大階段

一、你賦予特定任務或目標「決定自我價值與幸福」的力量。

你心想：「拿到這份工作／通過這場考試／跟這個人約會，我的人生就會從此改變，過著幸福快樂的日子。」一旦你把表現完美、達成特定目標當成自我價值的唯一衡量標準，那對你來說動手做事的風險就太大了，除非你有其他籌碼能夠打破自我價值＝表現的公式，例如拖延。

柏克萊心理學家理查・比瑞（Rich Beery）提出，人會害怕失敗，是因為他們相信自己做事的成果會反映出他們全部的能力，因此才會有人運用拖延來保護自我價值，抵禦批判。

二、你用完美主義，把這項任務提升到離地一百呎的高度。

如此一來，任何錯誤都等於死亡、任何失敗或拒絕都令你無法忍受。你要求自己做到毫無瑕疵，不能夠焦慮，觀眾必須完全接納你的表現，不能受到任何批評。

舉例而言，許多人覺得自己的表現不僅代表我們的能力，也代表我們做為一個人的價值。假如我們很努力，工作成果卻不甚理想，我們便大受打擊，彷彿自己不夠好。我們對自己說：「要是我明明已經全力以赴，我的表現、我寫的文章、我的工作還是不夠好，我一定沒辦法原諒自己。」所以我們拖延，避免自己使出全力，也避免自我批判。

三、你焦慮得無法動彈。

天生的壓力反應使你分泌腎上腺素，以因應生存危機。你賦予這份任務越多責任，一旦出錯，自己將面臨的威脅也越嚴重，因此你不斷想著「萬一」，這些想法宛如骨牌效應，創造一個大災難的情景——犯一個錯導致失去一名客戶，丟了客戶導致丟了工作，丟工作之後再也找不到新工作，找不到新工作導致離婚……連綿不絕。這些想像的情景能夠輕易讓你極為緊張、充滿壓力，於是透過拖延尋求暫時的出口。

四、你用拖延來逃離兩難的困境。

然而，拖延行為也造成截止期限越來越近，因而產生時間壓力、高度焦慮、更緊急也更嚇人的威脅，這份威脅甚至勝過你對失敗與批判的恐懼。在這個階段，你搞不好會覺得更有力量，畢竟你設法超越了內心的焦慮，還反過來運用它。此外，你也已經拖延夠久，這項任務再也無法測試出你真正的能力（也就是你時間充裕時能夠發揮的全力），於是打破了自我價值＝表現的可怕公式。

五、（最後一個階段）你運用一項真正的威脅（例如火災或截止日期），讓自己更有動力，並迫使自己放下完美主義。

這種機制確實過於複雜，也令你付出代價，卻有效使你克服完美主義與害怕失敗造成的停滯。你再次學到，拖延是合理的行為，還會帶來獎勵。你因此陷入危險的惡性循環，除非你改掉這些行為模式，用更有效率、更具效益的工作方式加以取代。

現在，試著想想下一個情境：

情境D

你再度回到離地一百呎的木板，因為拖延而動彈不得，但這次沒有火災，而且就在木板底下三呎的地方，還有一張強韌的安全網。

你現在感受如何？你能不能想像自己走過木板，完成任務？大部分的人都會說：「沒問題，我現在做得到了，搞不好還會很有趣。就算我摔下去，也會在安全網上面彈來彈去的。」

現在你明白，就算摔下去，最糟的結果不過是會覺得有點尷尬。墜落再也不代表死亡，犯錯再也不代表示界末日，每一次跌倒，你都能夠再爬起來，不會有任何一個錯誤毀了你，你永遠可以再試一次。

假如你保持完美主義者的高標準，未能達成目標或犯錯說不定會讓你覺得快死了。也說不定，你的工作、這段關係、整個家庭太重要，所以失去就會像世界末日一樣，若是如此，**你需要的解決辦法是試著創造替代方案，讓你能夠跳脫習慣的拖延模式**。最好準備方案B和方案C，而不是過度仰賴或太過堅持要做方案A，把方案A當成唯一達成目標並生存下去的方式。你需要在生活中創造安全網，如此一來，摔倒就不會那麼可怕了。你還需要正向的自我對話，讓自己不管發生任何錯誤或是失去什麼東西都能夠振作起來，例如告訴自己：「不管發生什麼，我都會活下去，我會找到繼續前進的方式，這不是世界末日，我會想辦法減少痛苦、增加快樂。」

為了在充滿壓力的世界中取得最佳表現，你必須擁有安全、不受動搖的自我價值感，如果少了這樣的自我價值感，你工作所需的精力和專注力都會被抽乾，浪費在幻想著生存危機、為了因應壓力而拖延上頭。無論你需要怎麼做、需要說什麼，都要創造一個可以不受批判的安全空間，在那裡，你可以停止追求完美。

如果你持續自我厭惡、持續威脅自己要是達不到目標就會一輩子痛苦，勢必很難專注於眼前的工作上，因此必須用某些方式自我保護，不再受到自己威脅。除非你安全了，否則你的生存反應（也就是所謂的壓力）不會終止。你需要相信自己、相信自我內在價值，讓你知道就算失敗，你也夠信任自己，願意再試一次，回到木板上。

有趣的是，不少成功人士都曾經歷慘敗或破產。成功的人就算失敗很多次，還是會振作起來；失敗的人只要失敗一次，就認定這次失敗等於他的價值、他的自我認同。你不妨效法多數成功人士，跌倒很多次也無所謂，只要運用安全網振作起來就好，再接著追求另一次成功。有了這張安全網，失敗和錯誤都無法阻止你繼續向前，因為你不會讓它們奪走你的內在價值和驅力。

沒有一本書能教你如何建立自我價值，只能教你如何表現出像是擁有自我價值感的樣子。不過，你可以從改掉拖延習慣開始，用生產者的正向習慣加以取代，隨著你越來越有效控制工作習慣、給予自己休閒時間，你會逐漸建立自尊心，但必須等到你學會用正面的語言自我對話，修復你長年以來習得的自我疏離感，你才算是真正建立起自我價值感。

好在，你並不需要接受完整的心理分析，也不需要全心愛自己，就能改掉充滿恐嚇的內在對話，培養有效、良性的自我對話。只要創造安全感、學習善待自己的不完美，對自己承諾：「無論發生什麼事，我的自我價值都不會被破壞，我會讓自己很安全。」你就能取得明顯的進步，更能在工作上保持專注、寧靜、發揮創意。開始為自己創造安全感之後（就算只是對自己做出言語上的承諾），你面臨任何任務時都會變得更冷靜，這是因為你直接抹消了生存危機，降低木板的高度，讓自己瞭解犯錯不是什麼災難。透過這種做法，你正面迎擊了這道危險的公式：自我價值＝表現，所以再也不需要藉由拖延來保護岌岌可危的自尊和安全感。現在的你已經能夠改變自我對話，學習放下拖延的習慣了。

第三章
如何與自己對話

人之所以完成充滿挑戰性的行動，靠的不是自律、意志力或他人的壓力，而是能夠選擇不同方案的自由、堅持進行一項任務的意願、願意承擔後果的態度，這些才是讓人堅定意志、更加勇敢的因素。

——尼爾．費歐，《回到健康之路》（*The Road Back to Health*）

本書的策略非常重視言語，不僅是因為改變言語就能夠改變拖延行為，也因為自我對話會傳達出影響我們如何感受、採取行動的態度與信念。

拖延者的自我對話，往往無意識地強化自己的負擔、對權威的抗拒、受害者心態，這種言語所創造的印象和感受，幾乎無一例外地造成拖延行為，因為當事人想要反抗或取回自主權。

如果學會挑戰、改變負面的內在對話，我們就能放下對自我價值和能力的舊有態度，因為這些態度已經不符合我們的年齡、智慧和力量了。

削減生產力的自我對話

假如我們用權威性的口吻對自己說話，就代表我們對於要做某件事感到壓力，儘管一部分的自我正施加壓力，另一部分的自我卻不想照做。雖然我們經常用「我必須去做」或是「我應該去做」這類的句子激勵自己，這些話卻大聲向我們傳達了這樣的訊息：「我不想做，但我一定要逼自己為了別人去做。」這種潛藏的自我疏離感和潛意識的訊息，就會造成內在衝突與拖延行為。

我們透過施壓的訊息，威脅自己採取行動，也暗示我們必須做的任務是不愉快的、令我們想逃離的。因此，這些訊息會使我們產生焦慮，也由於它暗示了我們不能自由選擇是否要做這件事，導致我們對工作產生不良反應。這種自我對話不僅會降低生產力，也沒辦法讓我們認清自己「想要」、「決定」或「選擇」做什麼。

要修復權威內在對話與反抗心所造成的自我疏離感和內在衝突，就需要學習新的內在語言，消除自我的衝突、對於權威人物的抗拒。

改變自我對話能產生強大的效果，使你擺脫因為猶豫、優柔寡斷而產生的拖延行為。把自我對話的重點放在選擇與承諾上，如此一來，你就能慢慢把精力導向目標，賦予自己更多力量，不再自覺是個受害者。

產生壓力的訊息：「我必須做」

「我應該去做，但我不想；我必須去做，因為他們叫我做。」像這樣帶有矛盾訊息的自我對話，會使自己產生受害者心態、抗拒、壓力、混亂。生產者與拖延者有許多不同之處，其中最能帶來解放的差異，就是生產者把重點放在**選擇**。「我選擇」、「我決定」、「我要」這類的訊息，能夠將精力導向單一的個人目標，也清楚顯示自己為結果負責。

我們經常陷入自我對話的陷阱，用自怨自艾的方式對自己說「必須去做什麼」，例如看牙醫、傳訊息給朋友、繳稅、工作、面對老闆。這種自我對話會加強一項信念：我們受到其他人的逼迫，不得不做違反自我意願的事；結果，我們深感被日常瑣事擊敗、負荷過重、拼命工作，人生卻沒有樂趣。我們不斷重複「必須去做」的自我對話，在潛意識中告訴自己：

- 我不想做。
- 是他們違背我的意願，逼我去做。
- 我非做不可，不然就慘了！會發生某件很恐怖、很糟糕的事情，我會恨自己。

• 這個局面無論如何都會輸：要是不做，我就會被懲罰；要是做了，就是違反自己的意志。

這些念頭會創造龐大的外界壓力，並且加劇無助受害者的心態，這種情況非常容易使人採取拖延的防衛機制。我們為了保護自己（這是極為正常的需要），面對那些傳達出「我必須去做」的事情，勢必會產生猶豫、憤恨和抗拒。

當我們試著處理那些隱含的「必須去做」訊息，我們就得同時應對兩種相互衝突的情況：一方面要擠出精力去做丟到我們頭上的事務，一方面要擠出精力解除生存危機，以免自我崩解。這時，我們忠實的僕人——身體，面對這些「做了也完蛋、不做也完蛋」的訊息，要不是產生壓力反應（提供充沛精力以便「戰或逃」），就是產生抑鬱反應（保留足夠精力以求生存）。然而，你沒辦法同時把精力導向兩個不同方向，也沒辦法讓心智同時專注於兩個問題。你天人交戰，無法決定究竟是要爭取自由、還是要完成工作，這個時候，你的身心都因為矛盾衝突的訊息而動彈不得，處於拖延狀態。

由於「必須去做」訊息造成的混亂，我們的精神、身體、情緒都進退維谷，想要利用自律、未來可能發生大災難的想像來施壓，只會讓情況更糟，且使我們更認定，這項任務很討厭、很痛苦，要是可以選，絕對不會去做。這種感覺就像小時候那些掌控我們飲食、住宿和自我印象的人，會叫我們去做一些我們本來不想做的事。每個人都很熟悉矛盾、受到壓力、面臨威脅的感受，以及伴隨而來的憤恨跟抗拒；然而，我們卻持續用同樣的方式和自己對話，彷彿自己依然是當初的孩子，必須聽從語帶威脅的父母。

我初識貝蒂時，情況十分危急。年度報告的期限已經過了，她非常沮喪，正在考慮辭職。貝蒂在一間大型保險公司擔任行政職，工作能力非常優秀，但她很討厭做年度報告，每年都會浪費不少時間後才開始做，而且花上好幾週抱怨「我得做年度報告」、「我該做年度報告了」、「我很想跟你共進午餐，但我必須去做年度報告」。每個人都知道，貝蒂因為必須做她討厭的事覺得很委屈。到了必須交年度報告的時候，她平時的活力都煙消雲散，變得消沉疲憊，彷彿承受巨大壓力一樣駝著背，十分疲勞、肌肉緊繃、失眠，人生只剩下這件「必須去做的事」，而變得毫無樂趣。

如果想取得立即的成效、擺脫無助感與受害者心態，貝蒂必須學習在她最有可能拖延的情境中，改變做事的態度。我對她說：「我認為，妳不需要做任何事情來證明自己很有自我價值。不過，要是妳必須做這件事，妳不如乾脆選擇為後果負起全部責任，妳的身心能夠承受這個訊息的。每一個『必須去做』的訊息，都要取代為負責任的選擇，例如妳選擇怎麼著手進行、妳選擇怎麼向主管解釋妳不做。」這次會談過後，她開始用各種選擇來挑戰內心每一個「必須去做」的訊息，她要抱持成熟大人的態度，做出明確的決定。

隔天，貝蒂選擇開始處理報告中她最不排斥的部分，遇到比較困難的地方，也請主管來幫忙。她對自己承諾，假如她這次「選擇」做這個報告，這就是她最後一次做了。如此一來，貝蒂給了自己更多替代方案，並安撫內心那個像孩子的自我，讓自己不再覺得有必要拖延。

貝蒂有效發揮選擇的力量，現在她覺得更能掌控自己的生活。從前，她內心孩子般的自己進退不得，一方面渴求權威人物的認可，另一方面又透過拖延來表達恐懼、展現力量；如今，她建立了內在支持系統，並透過「選擇」的自我對話增加生產力，面臨工作壓力時再也不必自我衝突、相互矛盾。

令人沮喪的訊息：「應該要」

對多數人而言，拖延帶來的自責和內疚都與「應該」的自我對話有關。在拖延者眼中，「應該」早已不只是原來的意義：「我不喜歡現狀，所以我要採取行動。」而是變成了：「我對現狀很生氣又很失望（因為現狀跟我想像的不一樣），所以我要抱怨、要感覺很差。」

「應該」的自我對話會產生一些負面影響，例如設定背道而馳的目標、嫉妒他人、渴望未來快點來臨。每一句「應該」，都會創造負面、自我批判的比較：

- 「事情應該要不一樣」：拿幻想中的理想狀態，跟不好的現狀比較。
- 「應該早就做完才對」：拿完成的時間點，跟不好的起始點比較。
- 「應該像他一樣」：拿你羨慕或嚮往的對象，跟糟糕、不夠好的自己比較。
- 「應該達成什麼目標了」：拿幻想中的美好未來，跟自己當前的處境比較。

這些「應該」的自我對話在一天當中不斷重複，讓我們下意識牢牢記住負面訊息：「我很糟，我現在的生活很糟，人生很糟，我的進度很糟，一切都不是應該有的樣子。」假如「必須去做」會令人產生壓力，「應該」就會令人憂鬱。算算看，你在十分鐘之內會想幾次「應該」跟「不應該」？數完之後，你就大概知道自己多憂鬱了，也很可能感到負荷很大、有受害者心態、覺得自己很失敗。

我並不是要說，我們不該為理想與目標奮鬥；我要說的是，「應該」只會帶來負面的比較，卻不會告訴我們該如何從現在的位置走到想要的位置。「必須」跟「應該」都不會清楚地告訴我們：

- **我們選擇做什麼**
- **我們選擇在什麼時候做**
- **我們選擇在什麼地方開始**
- **我們選擇要如何去做**

假如我們讓自我對話聚焦於結果，而非責備；聚焦於選擇，而非「必須」；聚焦於現狀，而非「我認為該有的樣子」，我們會發現自己能產生更多能量，不再與過去陷入無謂的掙扎，也不再與未來做無謂的負面比較。

唐熱愛藝術經銷的工作，不幸的是，儘管他喜愛藝術，卻痛恨做生意時伴隨的管理工作和瑣事。雖然報稅或找出收據都是必要的，唐卻會花不少力氣責怪自己「我應該把記錄做得更完善」、「我應該更努力做廣告」，就連他動手整理記錄的當下，他也會想：「這本來可以做得更好，因為我應該早點開始的。」他原先熱愛的工作，慢慢變成讓他喘不過氣的負擔。

對唐而言，不管他是確實完成工作，還是把時間耗在拖延，他內心永遠會出現更多「應該」，讓自己覺得很糟糕。唐必須學會接受過去的事情已經不在他的掌控之中，必須放下那些針對過去事件的「我應該」。我教他怎麼認出因為錯失機會而憂鬱的早期徵兆，也要他提醒自己：「**是的，那些事都過去了，可惜我已經沒辦法為它們多做什麼，但我能針對手上的事情做什麼？**」接著，他要練習迅速把注意力轉移到當下，聚焦在一小步能夠改善現狀的步驟。唐也學會如何把力氣和對未來的擔憂轉化為有建設性的行動，方法就是自問：「**下一次我要採取行動朝這個目標努力，會是什麼時候？**」唐本來會為了不可能改變的事而自我批判、陷入憂鬱，但藉由打破舊有模式的自我對話，如今唐能夠把這些力氣導向有建設性、可以確實達成的行動。

要避免被關於過去或未來的念頭所束縛，就要從改變內在對話做起。如果你想變得更有生產力、更有效率，就需要明確地告訴自己你選擇做什麼、你在何時何地願意付諸行動。

選擇的力量

我會察覺到克服「應該」、「必須」的雙重涵義與矛盾感受很重要，是我還在101空降師的時候。雖然嚴格來說，每個傘兵都是志願者，不過我的指揮官告訴我，我要嘛自願去傘兵學校，要嘛很有可能在沒受訓的情況下被逼著跳傘。當時，我們師團時刻待命，隨時都會前往世界各地的危險區域。

我熬過好幾週的艱鉅訓練，在豔陽下穿軍靴行進、做伏地挺身跟柔軟體操，最終赫然發現我真的必須在兩千呎高空，從飛行速度一小時一百五十哩的飛機一躍而下。不知怎麼搞的，我花了許多力氣撐過傘兵訓練，結果在過程中反倒忘了這些訓練為的是什麼。假如我一直很擔憂要跳傘，我勢必會非常恐懼成功熬過訓練，因為這些努力換來的不是獎賞，而是更艱難的任務。

我永遠忘不了第一次跳傘。我們的飛機速度達到每小時一百五十哩，高度兩千呎，這時他們打開飛機門，等我們往下跳。排隊時，我看見前面的年輕人面對這項嚇人的任務，態度十分遲疑。不少人來到飛機門前，把手放在機艙內側，顯示他們很猶豫不決，因為我們先前都被教導過手要放在外側，才能順勢把自己往飛機外面推。他們低頭看著堅硬的地面，明眼人都看得出他們全身緊繃，下意識地往後縮，彷彿要為跳傘失敗預作準備。卡在這種尷尬又不安全的位置，他們要不是試著逼自己跳，就是被中士踢出去，這可不是什麼理想的跳傘方式。每隔一陣子，就會聽到一名傘兵因為沒有和飛機拉開安全距離，結果整個人撞到機身側面，發出可怕的「砰」一聲。因為他沒有全力以赴，反倒增加了降落傘故障、無法完全打開的可能性。

一開始，我嚇得動不了，就像站在離地一百呎的木板上，完全無法動彈。我產生所有壓力症狀：掌心出汗、心跳增加、膝蓋發抖、頭暈目眩。我告訴自己：「你一定要跳。」但這句話只讓我更意識到這一切太瘋狂，我根本不想跳出這架堅固完好的飛機。

眼看那些猶豫不決的人跳出飛機，卻只是撞上艙壁，讓我做出第一個選擇，告訴自己：「我不要像他們那樣子跳。」就在這時，我發現了選擇的力量——這是在「我必須」跟「我想要」之外的第三條路。這個發現讓我獲得解放，繼續做出兩個決定：第一，我不要被踢出去；第二，如果我非離開這架飛機不可，我也要憑自己的力量出去，我要盡可能增加安全離開的可能性。在這一刻，我內心的感受發生了劇烈變化，壓力被目標明確的行動力所取代，受害者心態也轉化為力量。

輪到我向前時，我全身上下都在告訴自己：「我選擇離開這架飛機。」沒有猶豫，沒有矛盾。我刻意把手放在艙門外側，把自己往前拉，感受時速一百五十哩的強風，藉此消除任何想要留在飛機內的遲疑。我沒有低頭往下看、預期自己會失敗；相反地，我抬起頭，凝視一片雲朵，把它當成我的目標。

既然我選擇跳下去，我便把所有思緒和力氣都貫注在這個行動上，不讓自己去想「不要跳」或是「我必須跳」。我心神專注地走向門前，看見訊號，深呼吸一口氣，彎曲膝蓋，專心看著我選的雲，把自己推出機艙，順利與飛機拉開安全距離，至少相隔六呎。

我永遠記得第一次跳傘的刺激，以及毫髮無傷安全落地時的快樂笑聲。不過對我更重要的一課是，**把「必須」轉化為選擇，就能賦予自己更多力量**。

從抗拒到下定決心

生活中充滿了有限和不愉快的選擇。舉例來說，從生病恢復健康，就是一個人可以練習選擇的常見情況。雖然病痛很不愉快，我們在過程中卻會發現，本來看似重大的「必須去做」事項，就算少了我們也能夠完成，或是就算不做，我們也不會怎麼樣。此外，我們在休息的時候也會驚訝地察覺，自己產生了想要回去工作的真誠欲望，突然之間，我們竟然選擇要做先前討厭得要命的差事。

想像一下，拖延者生病時很可能反倒會「跟神討價還價」，祈禱著：「神啊，我再也不會拖延或抱怨工作了，只要讓我擺脫這個病，我就會平靜、快樂、健康地做我的工作。」像這樣改變自己的精力與工作態度，是個非常美好、驚人的體驗。

想要控制飲食或是戒菸的人，面臨生死關頭或是懷孕時，往往會迅速從本來的抗拒變得全心投入。《華盛頓郵報》曾刊載一篇報導，描述一名叫吉娜的女子多年來都在「嘗試」戒菸、「嘗試」控制飲食，結果當她懷了第一胎，「香菸跟垃圾食物全部再見，她開始吃早餐，本來她午餐都吃腰果配健怡可樂，現在改吃三明治配一杯牛奶。」因為她開始「想要」吃得健康了，這是她對自己的承諾、她的自主選擇，不是外界施加給她「應該要做」的事。

你不見得要跳出飛機、生病、懷孕，才能體驗這種威力強大的觀點轉變現象。試著在日常生活中，聽聽看負面自我對話如何創造出消極、無力的自我形象：「我午餐時間也必須工作；我必須開車去加油；我必須買禮物給媽媽；我必須參加同事聚會。」發揮選擇的力量，能讓你把因為受害者心態和抗拒心理而卡住的精力，重新導向有建設性的行動。

你是否願意承擔不做這些事情的後果？假如你針對任何一項事務做出明確的選擇，你會感受到多大的解脫？你確實有所選擇。你不必「想要」做這件事，也不必熱愛這件事，但假如你寧可去做，也不想承擔不做的後果，那麼你可以決定全心投入、發揮全力。一旦決定要參加公司聚會、去加油站、買禮物，你就能夠作為一個具備力量的大人，更肯定、更有力地告訴自己：「我要去買東西；我三點就會去看牙醫；我今天早上就要去上戶政事務所。」

既然你做出了成熟的決定，不再抗拒這件事務，那麼不妨想辦法讓這件事盡可能愉快一點。即使每個選項都很討厭，你也能發揮選擇的力量，擁抱你最能夠接受的那一條路。正因為你選擇去做，這件事也會變得沒那麼困難、沒那麼痛苦，而且會迅速完成。無論何時，如果你發現自己對一項計畫失去動力，就試著從你的想法中找出隱含的「必須去做」思維，在當下做出決定，要嘛擁抱那條路（是要擁抱現狀，而不是擁抱你認為最理想的情況），要嘛全盤放手。這是你的選擇。

學習說不

兩歲幼兒被俗稱為「兩歲惡魔期」，他們在這個階段幾乎對所有的事情都會說不。

這是認知和人格發展的一環，他們逐漸發展出獨立的自我，也可以將之視為內在價值的宣示，就像在說：「不，我不需要去做，我不必做任何事來證明我值得被愛、值得受到良好對待。」假如一個人在成年後依然如此肯定內在價值，豈不是一件很美好的事？對許多大人來說，他們唯一能夠表達「不，我不一定要做」的時候，就是生病的期間，而且這時他們往往只能虛弱地說：「對不起，我現在沒辦法，但只要我能夠坐起來吃點東西，我就會立刻出去任你奴役，盡量做到那些我必須做的事，就算再度危及健康也無所謂。」

學會說不，對於拖延者是很重要的練習，能夠防止我們為了彌補低落的自我價值感，倉促承擔某項任務。與其消極地說「好吧，我想我非做不可」，隨後又厭惡這項事務、透過拖延來反抗，一句直接、以成熟方式說出的「不」，反而乾脆俐落得多。

對拖延者而言，說「不」的能力更是強大的工具，可以藉此練習做選擇。說「不」意味著：「我可能不完美，但我夠尊重自己，所以才說得出『不，我不一定要做』。」這樣也可以避免自己承擔太多事務，結果不堪負荷。說「不」能夠向他人表達：「我知道你可以對我施壓，但你不會威脅到我的自我價值感。」我們可以用自我肯定、不帶防衛性的態度拒絕他人，例如：

- 「不，我需要一點時間思考。」
- 「不，我不像你動作那麼快，我想要充足的時間做好全盤考量。」
- 「不，我寧可擬一份我能夠完全接受的合約，也不想因為妥協而降低我工作的品質。」
- 「不，我現在不想要支付款項，但我願意為此支付更多利息。」

想要在任何事上擁有更多選擇，從拖延者轉變為生產者，就需要建立可以發揮選擇力量、願意投入、能夠拒絕他人的自我對話。你會發現，以下這套改變負面自我對話的方法，會迅速校正你的舊有習慣，培養具有生產力的正面習慣。

五種讓拖延者無法提高生產力的自我對話

經過多年研究，並深入檢視我自己和客戶的拖延模式後，我辨認出五種負面的態度或自我對話，容易造成拖延行為，這也是拖延者和生產者的不同之處。雖然不見得每種症狀都符合你自身的拖延模式，但如果你能認出自己使用的負面自我對話，就能嘗試運用我發展出來的正面訊息，加以挑戰。

1.「我必須去做」的負面想法

一天之中，假如腦中不斷出現「必須去做」（也代表「我必須做，但我不想」），會讓你內心矛盾、產生受害者心態（「我必須做，但我要是有權力，就不會去做了」），藉此合理化拖延行為。辨認這個自我對話和潛藏的受害者心態之後，你可以用選擇的自我對話、自我充能的態度，迅速挑戰這句自我對話。

挑戰的對話：用「我選擇」取代「我必須」

我們可以趁著工作時，針對特定事件練習生產者的語言、態度和行為。舉例來說，若你正看著桌子上那一堆未回覆信件，以及一張「待回電」清單，你注意到的第一件事可能是你肩膀開始往下垮，彷彿自己非常憂鬱、不堪重負。這就是一個明確的徵兆，代表你就算沒有對自己說「我必須做」，也覺得自己是受害者，而不是負責任、有能力的人。一覺察到這件事，你要立刻做出「選擇」：要嘛開始工作，要嘛就為延遲負起責任。

練習察覺負面思考或態度，能夠幫助你轉換成生產者的態度，做出選擇、發揮力量。

2.「我一定要完成」的負面想法

一直告訴自己「我一定要完成」，只會讓自己不斷想著未來某一天做出來的成果，卻無法讓自己知道該如何開始。「完成」離你還太遙遠，如今的你可能不具備需要的技巧、自信和觀點，所以要是只專注在未來，容易讓整件事顯得更難以達成，甚至是不可能做到。你需要挑戰這個想法，用「現在就可以開始」的思維加以取代。

挑戰的對話：用「我什麼時候可以開始？」取代「我一定要完成」

「我什麼時候可以開始？」是生產者最喜歡的話，每當他們擔心無法完成某件事，就會立刻這麼想，藉此引導本來花在焦慮上的力氣，聚焦於目前能夠做到的事情。這就像一種回饋機制，能夠讓人把注意力轉向如何開始做這件事。如果現在無法開始，也可以想：「下次可以開始的時機是什麼時候？」如此一來，你就能掌握清楚的時間、地點、該做的事項，幫助自己在近期內可以輕鬆動手執行。

3.「這個工作很艱鉅、很重要」的負面想法

越是認定某件事工程浩大、是個重責大任，越容易讓你感到難以負荷。你其實是在告訴自己：「我不知道要怎麼處理這麼重大的任務，這太重要了，這件工作的成果必須讓每個人刮目相看，這是我人生中的重要機會。」

這個工作對你而言越龐大，你越容易拖延。在你苦惱這個計畫的每一步、想著有多少事情都要靠你完成這件任務時，焦慮便會取代你天生具備的動力和好奇心。

挑戰的對話：用「我可以先踏出一小步」取代「這個工作很艱鉅、很重要」

當你覺得要被浩大的計畫給淹沒，請提醒自己：「我可以先踏出一小步，一小步就好，比如大致草擬內容、一張不完美的草稿、一句簡單的哈囉，這就是我現在需要做的事。」沒有人能夠一下子蓋好整棟房屋，你能做的就是在地基鋪水泥，釘下一根釘子，蓋第一堵牆——一次一小步。沒有人能夠一下子寫完整本書，你能做的就是一次寫一章、一次寫幾頁。這個微小的步驟，就是你知道現在能夠完成的事；把這個易於達成的小步驟與龐大的工程相較，你就有更多時間學習、放鬆，還能在好幾個小步驟之間喘口氣。每完成一步，你都會有時間享受自己的成果、調整方向，再重新投入長期目標。

4.「我一定要完美」的負面想法

告訴自己「我一定要完美，就算犯一個錯也無法容忍」，會大幅增加拖延的可能性，因為你需要拖延當成防禦機制，保護自己不受失敗或批判所傷害。這句話也代表你的自我對話會以你認為「該有的狀態」當做標準，就算你達成微幅進展，你的自我對話也會認定那些成果不值一提。如果你要求自己做出完美的報告、完全不受批評的專案、嚴格控管飲食、家中不能有一絲灰塵，你等於是挖坑給自己跳，註定會自我批判。你越是完美主義、對自己嚴苛，就越難開始進行一項工作，因為你很清楚自己永遠不會做得夠好。緊抓著完美無缺的自我形象不放，會讓你不敢面對自己真正的工作成果，也無法提前為失敗做好幫助自己振作的替代方案，還會讓你一遇到沒什麼大不了的問題就乾脆整個放棄。弔詭的是，完美主義和批判自己的錯誤，反倒會讓你更有可能失敗，而且失敗得更慘。

挑戰的對話：用「我可以只當個平凡人」取代「我一定要完美」

停止要求工作必須做到完美，而是要接受自己身為人類的極限（但不是放棄努力）。你要接受，犯錯是正常的，是學習過程的一部分。你需要自我疼惜，而不是自我批判；

你需要支持自己拿出勇氣，承擔工作可能會不完美的風險，而不是一味幻想這個專案已經完成、成果十全十美。你需要對自己特別溫柔，瞭解自己身為新手，勢必要經歷令人尷尬的學習階段，才能達到大師級別。隨著你逐步接納那些不完美的表現，你會學到生產者所具備的堅韌特質，也更容易振作，因為你已經用自我疼惜創造了一張安全網。

遇到那些因為完美主義而拖延的人，我通常會建議對方正面迎擊這個行為模式：試著不完美。換言之，就是故意把工作的第一部分做得很差（但先不要給主管看），迅速、草率地做完。如果你通常是用電腦工作，就試著用便條紙來做；如果你習慣用墨水，就試著用鉛筆或蠟筆——用普通人的方式，不完美地完成這件事。再來，你追求出色表現的動力會自然開啟，讓你持續調整、修正工作。

5.「我沒有時間休閒」的負面想法

「我整個週末都要工作」、「抱歉沒辦法加入，我要完成這個專案」、「我今天晚上很忙，截稿日快到了」……長期下來，這些句子會讓你覺得受到剝奪、孤立，因此對工作產生怨恨。重複說這些話，會令你覺得生活充滿不得不為的義務和要求，導致你錯過其他人正在享受的事物。

挑戰的對話：用「我一定要花時間休閒」取代「我沒有時間休閒」

堅持規律運動、和朋友共進晚餐、一天之中要頻繁休息、一整年當中要頻繁休假，這樣能夠增加你的內在價值感，也更尊重自己，這兩者都是減少拖延需求的關鍵。知道近期有值得期待的事（堅持花時間休閒、和朋友相處），能夠降低你對困難工作的恐懼。

善用以上五項正面的自我對話，會減少工作帶給你的痛苦，讓你更有可能發現工作本身會帶給你獎勵。除此之外，由於你工作品質良好，也就更能心安理得去玩樂。利用頻繁的獎勵來強化每個步驟，會讓你更有可能持續進步。

以上這些降低生產力的自我對話，綜合起來會變成：「**我必須完成一項艱鉅的任務，成果必須完美無缺，為此我要長期努力工作，完全沒有時間休息玩樂。**」你需要挑戰這個令你混亂、造成反效果的自我對話，讓自己像生產者一樣發揮強大的專注力。

挑戰的對話：「我選擇先進行一小步，而且我很清楚，我有充裕的時間休息玩樂。」

好在，你不需要徹底改掉負面想法和自我對話，就能改善行為模式了。你可以練習察覺舊有的思考模式，藉此提醒自己要選擇一條更有效的道路。你就好比鐵路上負責切換鐵道方向的人，當火車越過某一點，辨認出徵兆的你就要讓火車轉向，開上另一條鐵軌。

每一次你選擇導正能量，從拖延者的自我對話切換成生產者的語言，你就是在腦中重新建構一次新的神經通路。重複從舊模式轉向新模式幾次之後，新的連結會受到強化，變得更容易啟動，舊連結也隨之被削弱。每次你有意識地做出決定，為自己創造安全感、以生產者的語言進行自我對話，你便逐漸放下拖延的習慣，並強化健康的新習慣。

練習生產者的自我對話

參考下表，練習從習以為常的自我對話，切換為更有效益的生產者自我對話。不妨把這張表印下來，貼在電腦上、桌上、冰箱上。

拖延者	生產者
「我必須」	「我選擇」
「我一定要完成」	「我什麼時候可以開始？」
「這個工作很艱鉅、很重要」	「我可以先踏出一小步」
「我一定要完美」	「我可以只當個平凡人」
「我沒有休閒的時間」	「我一定要花時間做休閒活動」

第四章

痛快玩樂，優質工作

就我所知，人性最悲哀的就是，我們通常會忘了享受生命。我們都幻想著天邊出現魔幻玫瑰園，卻忘記要欣賞今天窗外盛開的玫瑰。

——戴爾．卡內基（Dale Carnegie）

我們都聽過這個笑話：「我下定決心停止拖延，但我決定晚點再說。」拖延最恐怖的後果之一，就是讓我們遲遲無法享受人生。我們任由拖延的惡性循環妨礙自己享受成就帶來的獎勵，也無法徹底享受休閒活動。

「延後享受人生」是拖延行為最悲劇的一種形式，不僅阻撓我們完成生活中真正重要的事務，也因為我們陷入自我毀滅的延遲策略（暴飲暴食；狂看電視；把時間金錢花在各式各樣的興趣，卻又不是全心投入，沒過多久就放棄），我們越來越看輕自己。

不讓自己休假、休息或運動，會讓生活看起來永遠只有苦沒有樂，導致我們缺乏精力、動力下降。面對生活中各種需要良好表現的要求，如果想要維持高度動力，減少拖延的欲望，我們就需要不受罪惡感干擾的休閒時間，讓身心能夠充電。

工作狂和長期拖延的人其實有一些共通點，將他們和生產者、績效良好的人區分開來，這絕不是巧合。著有《頂尖表現》（*Peak Performance*）一書的作者查爾斯．嘉菲德博士（Dr. Charles Garfield）表示，相較於工作狂，績效優秀的人反而度更多假、身體更健康、完成更多有意義的工作。工作狂和習慣拖延的人通常會：

- 總是被還沒完成的工作壓得喘不過氣，覺得自己總是在工作，卻不值得休息。
- 覺得自己的人生彷彿「暫停」了，但仍抱持著微小的希望，期盼總有一天自己會變得夠有條理或夠成功，就能享受人生。
- 認為人性是懶惰的，需要受到壓力才會有動力。工作狂和拖延者都利用負面的自我對話和恐嚇，但工作狂的反應是不斷「保持忙碌」，拖延者的反應是覺得無法負荷、被焦慮嚇得動彈不得。
- 對工作抱持負面的態度，認為工作永無止境、永遠無法做到滿意的程度，需要剝奪自己、做出犧牲。工作狂為了避免和別人太過親密，通常很願意做出犧牲，拖延者則是會誇大這些犧牲，因為害怕再也無法休息而跑去玩樂，卻又心神不寧。

工作狂和長期拖延者要不是在工作，就是因為自己沒在工作而感到內疚。瑪克羅薇茲（Marilyn Machlowitz）和麥克連博士（Dr. Alan A. McLean）都在著作中提到，許多工作狂身體狀況很差、壓力極大、精力耗盡，而且會有A型人格特質的行為。另一方面，生產者通常明白休閒娛樂、不帶罪惡感享受玩樂的重要性。

玩樂的重要

「我一來到這裡，開始做節目，我就是在做我熱愛的事，而不是工作。」

——詹姆斯・蓋伯特（James Gabbert），電視台企業家

當有人說他們的工作算不上工作，他們真正在說的是：「我不用強迫自己工作。我已經脫離了工作、玩樂、人性的傳統定義，我有自己的目標，能夠結合工作和玩樂。『工作』對我來說很有趣，一點也不像以前學習工作倫理時聽說的那麼困難艱辛；我充滿活力跟動力，雖然人家都告訴我人的本性就是懶，但我一點也不懶散，根本不需要別人向我施壓，我就會做好工作。」

在研究成功者的行為模式時，我瞭解到若是想要達成良好的工作品質、盡可能減少

拖延行為，不帶罪惡感的玩樂是必要的。不受罪惡感所苦、全心投入休閒娛樂，能夠讓你重新充電，再次激發動力、創造力、生活各領域所需要的活力。只要明白工作無法奪走你生活中的美好事物，你就更容易處理重要的任務，不至於擔心被工作主導自己的人生。只要瞭解在進行浩大工作的過程中，你還是可以抽出時間和朋友相處、運動、休閒，你在面對工作時就能減少恐懼，不需要擔心自己負荷不來；有了經過妥善計畫、安排的無罪惡感的休閒時間，你就不會覺得要做完的計畫龐大到難以處理，因為過程中會有休息和充電的機會。

不帶罪惡感的休閒，是奠基於一項看似矛盾的道理：在進行重要工作時，為了達成更良好的品質、更高的生產力，我們不能再阻止自己享受人生，而要全心投入休閒娛樂和放鬆。是的，要是你玩得痛快，你也會更有生產力！**好好善用不帶罪惡感的休閒時間，你會學到如何更努力去玩，又能完成更多優質的工作成效。**

我在加州大學柏克萊分校諮商中心任職時，第一個任務就是輔導一群因為拖延而無法完成博士論文的研究生。我們每週聚會，支持這些學生撐過他們這輩子最艱鉅的寫作計畫，這個過程對他們而言極為緊湊、壓力巨大，而且往往十分孤獨。

我逐漸開始好奇，花了很多年完成論文的學生，跟不到兩年就能做完研究、寫完論文的人到底有什麼不同？令人驚訝的是，這兩組人的差異並不在於智力程度或情緒問題，真正的差別似乎是，那些花了三到十三年才完成論文的人承受了更多痛苦。長期拖延論文的人會：

- 覺得自己永遠在做論文研究；為了達到確實的進度，會讓自己一直保持忙碌。
- 覺得自己的人生「停滯不前」。他們取消所有的行程，好讓自己可以不斷工作，至於派對、朋友、運動那些事情都是「寫完論文再說」。
- 覺得為論文犧牲、受到剝奪是應該的，寫論文很困難是正常的，人都需要受苦才能生產出高品質的工作成果。
- 要是花時間和朋友相處或是參與休閒娛樂，就會很有罪惡感。因為他們實際上沒有產出多少成果，一花時間玩樂就會內疚，結果他們連參與休閒活動時都心神不寧、內疚不已，無法在沒有罪惡感的情況下充分玩樂。

這些學生大多身體狀況不好，家裡散亂著紙張、書籍、用過的咖啡杯、髒衣服，其中一位學生還有一件上衣印著：「不要問我論文的事」。

另一方面，那些進度良好、很有可能在這一年完成論文的人，一定會花時間好好享受休閒娛樂。他們將身心健康和休閒娛樂列為高優先事項，並且納入論文寫作計畫之中：

幾乎每天都要游泳、跑步或跳舞，一週好幾天都要和朋友共進晚餐，藉此徹底充電，讓自己對工作保持足夠的動力和興趣，才能一週投入十五、二十、甚至是二十五個高品質的工作時數。他們的生活很充實，不認為工作會剝奪自己任何東西；恰恰相反，全心工作和全心玩樂是一體兩面的，讓他們更加享受人生。他們不會等到工作完成，而是現在就享受人生了。

我們拖延的原因之一，是我們擔心一開始工作就沒時間玩樂、工作會奪走我們的休閒娛樂和生命中美好的事物。「沒有罪惡感的休息時間」這項策略，是要你把休閒娛樂納入每週計畫，如此一來就能讓你消除沒時間休息的想法。把玩樂視為高優先事項，是克服拖延習慣的一環。

成年人通常認為，玩樂和學習、工作是分開的，但在每個孩子的成長發展階段，學習的時候，遊戲是不可或缺的。我們透過遊戲，學會成年生活所需的體能、精神、社交技巧，利用玩具和想像力創造各種場景，讓自己準備好進入職場、經營關係、面對衝突。孩子會透過遊戲，學習表達感受、商量談判、解決問題、堅持到底、投入工作、全神貫注。有些極為必要又複雜的學習和「工作」，我們都是透過玩樂而做到的。

英國精神分析學家和小兒科醫師唐諾．溫尼考特（Donald W. Winnicott）在著作《遊戲與現實》（*Playing and Reality*）中寫道，我們在遊戲的過程中，透過可靠的創造力、我們對於不同發現的興奮（從未知邁向已知、從無法控制問題到能夠解決問題），逐漸建立自信。不僅如此，我們從和父母一起玩，進階到在父母陪同之下自己玩玩具，最後抱持著「我是被愛的」信念學會獨立玩耍，就在這個過程中，我們慢慢學到如何全神貫注地獨自工作。

成人會運用童年學到的技巧，一連好幾個小時坐在電腦、桌子前，獨立工作。我們需要投入全副身心，發揮創造力，這些都是我們兒時在安穩的家中學到的。成年之後，我們需要這些早年經驗，幫助自己堅持解決問題，承擔犯錯和被拒絕的風險。

孩子不會有缺乏動力的問題，一個三歲小孩會堅持幫忙拖地或洗碗，對他來說，這些都是玩樂和學習的一部分。可是，在大人教導我們符合社會期待、要是不配合就會受到懲罰的過程中，本來對學習產生的天真興奮感消失了。學習瞭解社會期待不是什麼錯事，但真正造成傷害的是我們學到的觀念：人很懶，而且有可能變成糟糕的拖延者。就如邱吉爾談到類似議題所說的：「我隨時都準備好要學習，但我不見得喜歡讓別人教我。」

由於大人教我們工作很不愉快、我們都很懶惰，我們因此相信自己需要「必須」、「應該」等字眼帶來的壓力，防止自己溜出去玩耍。少了不帶罪惡感的休閒時間，生活中的各種要做的事顯得更繁重、更困難、剝奪更多東西。不帶罪惡感的休閒時間可以重燃我們兒時的興奮感，重新愛上學習、解決問題、參與有挑戰性的活動。

自我激勵的拉力

面臨一項困難工作的時候，我們通常會認為必須長時間獨自工作，才能解決每個龐大的部分。但是，需要長期遠離朋友和休閒的念頭，很可能會造成拖延。這種工作習慣對身心造成的影響，類似被關禁閉的囚犯，或是參與剝奪感覺實驗的受試者，他們必須包得像木乃伊一樣，把感覺減到最低；這些狀況會大幅限制身體行動和視覺刺激，導致內心充滿自我批判、害怕被拋棄、失敗的可能性，因此產生焦慮。

相較於孤獨和焦慮，如果我們預期會得到喜悅與成功，我們反而更有可能提高生產力。在有更多更好玩的替代方案時，要求自己限制行動，掙扎著工作二十小時（甚至是只有四小時），很難讓我們產生足夠的動力。如果叫你選擇是要完成所得稅報表，還是要去見一個老朋友，你一定強烈想要選擇去見那個朋友——除非你有一套對策。

在你想要給自己足夠的動力嘗試達成目標時，你會用恐嚇來推自己前進，還是會用目標的吸引力來拉自己向前？不幸的是，多數人都採用推法，也不知道其實自己有其他辦法可選。

無論身處哪個行業，包括軍隊、商業、教育機構，我們都遭受各式各樣的威脅（也就是所謂的「推法」），藉由對懲罰的恐懼來刺激人產生動力。事實上，由於害怕懲罰而做的行為，並不是真正為了達成某項目標而做，而是像拖延一樣，是為了逃避這份恐懼而做。這種處罰策略往往令人無法採取行動，不會產生激發動力的效果。人採用這種嚴苛的辦法，往往是為了表達權威、發揮控制權，而不是為了取得好的成果。權威人物使用的恐嚇手段，便足以證明這種方式不會讓人對目標產生正向的動力，反倒造成反效果，讓人因為反抗權威、害怕失敗或害怕成功而開始拖延。

「推法」的策略奠基於人性本懶散的信念，認為把人嚇得半死就足以創造動力。舉例而言，權威人物可能會說：

- 某某二等兵，要是你沒在傍晚五點前削好那一整車的馬鈴薯，你接下來半年都不用休假了。
- 公司這個月必須達到二十萬美金的業績，不然大家就準備找新工作吧。
- 要是你們沒辦法把每天見的客戶增加到十五人以上，我們就只好關閉這間中心了。

- 你們這些一年級生，最好現在就做好心理準備，以後會過得很辛苦。這個學期結束前，你們要讀完這一整個書櫃的書；你們畢業之前，要讀完這一整面牆的書。

反過來說，「拉法」認為我們天生都很積極學習，假如獲得適當的獎勵，就連最困難的任務都能堅持完成。深諳這項道理的權威人物會說：

- 某某二等兵，你每削完一籃，就能得到一天休假。要是你傍晚五點前削完整車，你就能多排一個週末的假。
- 公司這個月業績必須達到二十萬美金，這代表我們要更加努力，下個月才會輕鬆一點。我想聽聽你們有什麼想法，可以增加顧客、提升至少百分之十的業績。
- 這星期，你們要學習如何讓客戶這個議題保持興趣，有禮貌地迅速完成談話；兩週之內，你們就能有足夠的時間，一天見至少十五名客戶。
- 想像一下，你每讀完教科書的一個章節，就把它放進空書櫃。隨著你一章一章、一本一本讀完，到了這個學期末，你就會塞滿整個書櫃了；到了畢業的時候，你讀的書就會擺滿這面牆。

「拉法」的原則是，太過遙遠或是不確定的獎勵（例如受訓四年後「可能」會得到工作），很難讓一個人有足夠的動力持續面對艱鉅的任務。未來會有的獎賞，對於我們現在選擇做什麼的影響力非常少。反之，生活中立即、具體的獎勵（例如休閒娛樂、見朋友、吃冰淇淋）就更有可能發生。

這套動力法則的原理是，如果一項工作立即可見的結果是孤獨和痛苦，獎勵卻又飄渺遙遠，那麼人會動手去做的機率非常低，放棄休閒選擇工作的可能性更是微乎其微。畢竟，逃避、休閒、暴飲暴食都是立即可見的獎勵，懲罰則在遙遠的未來。換言之，想改變工作習慣的話，就要縮短每一段工作時間（讓它不那麼痛苦），獎勵則要更頻繁、更快速（帶來更多快樂），在工作的過程中穿插休息和獎勵。

假如這讓你願意處理規模浩大的工作、減少拖延行為，你必須適當安排獎勵，增加你每天想要進行工作的可能性。如果你是管理階層，你最好也適當調整工作環境，讓員工能從一起工作、擁有共同目標、互相幫助、因為每週進度受到讚美、每月都拿得到薪水等這些事情中獲得滿足感。

對於深信必須勤苦工作的人來說，「人的動力源自快樂而非痛苦」這個概念並不容易理解。其實，就連最推崇工作的清教徒，也必須在安息日停止工作。現代的工作狂雖然盡可能縮短玩樂的時間，但通常能夠認同「努力工作、痛快地玩」這種人生觀。不過，本書的策略在於重新檢視玩樂和生產力之間的關聯，運用反向心理學，稍微調整這個觀念，改成「**為了提高工作生產力和效益，需要用力地玩**」。

傑夫是一位三十五歲的大學教授，我們認識時，他認為自己不夠投入工作，因此非常沮喪內疚。他希望讀更多研究資料，在專業領域的期刊上發表一篇論文，但過去三年來，他無數次想要完成一篇論文都失敗，開始覺得自己太懶惰，鐵定患有嚴重的拖延症。一開始，我只認為傑夫很適合當作「推法」無效的例子，不過後來，傑夫這個案例也良好體現了一項事實：不受罪惡感干擾的休閒時間加上「拉法」可以讓人完成高品質的工作。

當時，傑夫遇到瓶頸，儘管他因為自己對專業領域毫無貢獻而內疚，同事也向他施壓要他發表，但他不願意投入長時間單獨進行工作，結果無法閱讀資料和寫作。

我和傑夫稍微談過之後，發現他雖然很努力克服拖延，想盡辦法給自己壓力、恐嚇自己趕快去寫作，卻徹底失敗。我從過去的慘痛經驗學到，最好不要跟這種抗拒感硬碰硬，我們需要制定全新的策略，不需要再給他更多壓力和強迫。

所以我決定告訴傑夫一些很可能會嚇到他的話，但我知道，對於像他這麼聰明的人來說，這些話也能勾起他的興趣。我要他別再折磨自己，這只會讓他更沮喪、更憂鬱。我說：「休息一陣子，做一件你真正熱愛的事，一件你很久以來都想做的事。」傑夫列了一張清單，裡面包括風帆衝浪、滑雪、唱歌、跳踢踏舞、學音樂，最後他決定加入社區劇場演出。

他參與一齣戲的試鏡，被分配到一個重要配角。很快地，傑夫答應每週必須投入二十到三十小時排練，這代表他接下來整整兩個月，都要忙著排練和參與製作，根本沒時間思考寫論文的事，遑論感到內疚了。

傑夫非常喜歡演戲，神奇地每週擠出二十小時排戲，也擠出參與演出所需的精力，努力達成他對導演和整個劇團的承諾。

演出非常成功，但對傑夫而言，更重要的是他覺得很好玩。徹底參與這場戲的製作，就像度過一個夢想已久的長假。某方面來說，傑夫確實非常努力工作，畢竟他每週都付出夠多時間，幾乎等於多打一份工了，可是他覺得放鬆、滿足，因為他熱愛這件事情，熱切期待著每一天。

除此之外，這兩個月的生活也不再只是「試著工作」、卻又因為沒達成目標而內疚。傑夫透過這個具體的方式學到，他有能力徹底投入一件事情，也能抽出時間完成承諾，然而，演出結束之後，傑夫卻有些消沉。他完成了一個夢想，也感覺很棒，可是他沒辦法持續做這件事情。傑夫明白，參與演出需要全心投入、專注、還要有足夠的時間，這代表要犧牲其他喜歡的活動，現在他不必再一週花二十幾個小時密集排練，他覺得有些空虛。

傑夫試過連續兩個月一週擠出二十到三十小時之後，他明白自己是可以有足夠的時間寫完論文。不過，首先，他必須改變想法，別再覺得這件事很浩大、嚇人。現在傑夫知道，每週安排一件他熱愛的事情非常重要，能減輕負擔過重的感覺，也不至於讓他覺得研究計畫剝奪了他的生活。他不再認定寫論文會吃掉他所有的時間，而是可以像打工一樣，每週進行十到二十個小時。

傑夫重新安排自己的行程，納入運動、與朋友相處的時間，如此一來，他單獨工作的時間就不會太長，也能讓他全心專注。瞭解自己有能力好好享受人生之後，傑夫便回去寫論文了。

相較於為了排練擠出二十小時，為了寫論文擠出十小時容易許多。動手開工還是不容易，但連續好幾天持續寫作以後，傑夫的論文迅速發展出雛形，由此開始，他只要堅持下去，他對於這個主題的興趣就會拉著他完成這份論文，此刻，目標已經近在眼前了。

從此，傑夫找到了把寫作融入生活的新方法，不再將論文視為一項負擔，也不需要恐嚇自己。幾個月後，他完成第一篇論文，投稿到期刊，雖然一開始被退稿，但經過幾次修改，論文順利在一份著名期刊上發表。

從不帶罪惡感的休息到高品質的工作

享受不帶罪惡感的休息時間，是良性循環的一部分，能夠讓你完成更高品質、更有創造力的工作。這個良性循環的第一步，就是沒有罪惡感地玩樂，或是至少要安排一段玩樂時間，讓你覺得人生是自由的，並且更容易專注於短時間但高品質的工作。完成一些進度之後，你會覺得自我控制力提升，也對於專注力、解決問題的創意更有自信，如此一來，你就更能夠享受不帶罪惡感的優質休息時間了。因為你認為自己值得獎勵，所以也更能專注在和朋友相處的時間，也因為你確實享受休閒時光，你獲得了更多回報，先前花在工作上的心力此時悄悄萌芽，成長為新點子、新突破。這時，你獲得充分休息、得到更多靈感，而且準備好產出更多高品質的工作成果。充滿創意、不受罪惡感阻撓的休閒娛樂，讓你充滿回去工作的動力。由於你學到了不帶罪惡感玩樂的祕密，當你坐在電腦前或打電話給客戶，你已經準備好全力以赴，發揮整個意識和潛意識的潛力。本書

第六章會告訴你如何透過反向心理學來善用這個原則，運用留白時間表，在行程中先安排高品質、毫無罪惡感的休閒時間。

如果運用不受罪惡感干擾的休閒時間，當做克服拖延習慣的策略，你會發現一天當中，腦海中湧現不少靈感。突然之間，就在打高爾夫、慢跑、讀小說、和朋友聊天時，你想到了如何改善銷售計畫、談判合約、對董事會報告、達成戒菸的目標。你搞不好會對同事或主管說：「我打完網球回家的路上突然想到，跟某某集團合作對我們公司來說會是很好的機會。」之所以會如此，是因為你的意識在兩小時不帶罪惡感的休閒時光中，正專注於其他事情，此時充滿創意的潛意識就跳出來，提供了清晰、幾乎不費吹灰之力的解法。因此，不帶罪惡感的休息反而能提升我們的工作品質，更容易發揮創意迅速想出解決方案。

記不記得這句有名的話：「忙人的時間最多」？這句話非常適合套用在卡洛斯身上。從高中開始，他手邊一定會有至少兩份工作，念大學的期間，他每週至少要打工十五小時，還要抽時間參加課外活動、維持社交生活。卡洛斯大學四年級的時候，他參加過的委員會、擔任過的職務、辦過的活動已經多到放不下學校年鑑了。

卡洛斯來自一個工人階級家庭，對他們來說，工作是生活的一部分。不管是學校功課、打工、規畫週末行程，都不會讓他感到不滿，他所說的話總是充滿目的性：「我八點會開始工作。」「我這個下午會完成這份報告。」

但不像許多行事倉促、彷彿被壓得喘不過氣的工作狂，卡洛斯也很享受玩樂。他對於玩樂，就像對工作一樣投入，這些玩樂時間顯然是他應得的。該回去工作時，卡洛斯絲毫不會猶豫，因為他已經充電過，恢復活力，再次充滿決心。

卡洛斯是個非常典型的例子，既投入毫無罪惡感的休閒時間，也對工作全力以赴。他工作時也充滿了玩樂時的活力，而且他非常享受這兩個領域的挑戰。假如他需要仔細思索某件事情，他很清楚休閒時間能夠讓他換一個角度，重新衡量他的選項。參與休閒娛樂和社交活動，也讓卡洛斯有機會在一個相對安全的環境，嘗試他工作上的想法或是跟別人討論。他的休閒娛樂不僅為他帶來樂趣，還為他帶來最好的點子、最有創意的解決辦法。

強調玩樂的重要，並不是要淡化工作和毅力的必要。這套策略依然重視工作，只是並非傳統意義上的「工作」。按照工作的常見定義，它是和休閒娛樂分離的，暗示人必須強迫自己工作，使人容易產生內在衝突。本書較為認同的工作觀，則是在集中精力、維持內在和諧的情況下，受到目標的拉力所驅使，願意投入一項任務，會對自己有所進展感到興奮。

查爾斯・嘉菲德博士在《頂尖表現》中以阿波羅登月計畫為例，描述全心投入一件事情、擁有共同使命的力量：

大家的想像力之所以受到激發，隱藏的潛力之所以能夠發揮，是因為他們恍然明白，自己親身參與的計畫將會實現人類最古老的夢想。他們擁有一項使命。能力普通的男女紛紛發揮潛在的活力與創意，最終達成了人類史上出色的成就。他們滿懷興奮與驕傲，連帶影響身邊的人，用各種可能性激盪想像力。我看清一件事：激發我們想像力、驅動我們達成更高階成就的不是目標，而是這份終極的使命。

這份使命感正是一種「拉力」，運用正面能量使我們朝目標前進，而不是運用恐懼和威脅推著我們前進。在這種正面的氣氛中，我們更有可能展現傑出的能力和動機。定期安排不帶罪惡感的休閒娛樂，能夠讓你用嶄新的觀點看待自己的工作；這段玩樂的時間，會讓你重新體驗天生的好奇心、做出高品質成果的意願。不帶罪惡感的休閒時間能夠在工作和玩樂之間搭起橋梁，使兩者相輔相成，一同進步。

第五章

克服障礙，採取行動

寧靜禱文：賜給我寧靜，接受我無法改變的事物；賜給我勇氣，改變我能夠改變的事物；賜給我智慧，區分兩者的不同。

——神學家尼布爾（Reinhold Niebuhr）

壓力禱文：賜給我固執，即使事情無法改變也繼續掙扎；賜給我慣性，即使我能改變自己的行為和態度，也不加以改變；賜給我愚昧，不懂得區分哪些事情是我無法控制的外在事件，哪些是我能夠掌控的內心反應。但最重要的是，賜給我輕蔑，讓我鄙視人性的不完美與人類控制力的極限。

如果你曾因為做事不夠盡善盡美而遭受嚴苛的批判（也許來自你自己、父母、師長或朋友），如果你曾因為無法解決其他人眼中很簡單的事而感到羞辱，你可能已經習慣迴避特定種類的事情。除非你找到方法，用正面的方式直接處理自己的內心反應，否則恐懼將會持續阻止你採取行動。

拖延是一種恐懼機制，當你把工作連結到擔憂、掙扎、失敗、焦慮，拖延行為就能允許你逃避你恐懼的東西。如果拖延是你唯一因應恐懼的防禦機制，就會非常難改掉拖延的習慣。恐懼症和拖延行為都能透過降低緊繃感而獎勵你，因此令人上癮，但這兩者都是可以學習戒除的。

要有效應對令你無法採取行動的障礙，就需要在讓人上癮、降低生產力的拖延行為之外，找出替代的解決方案。本書的策略是要教各位如何擺脫拖延的恐懼機制，學習其他能夠應對恐懼的方法。本章提供的方法包括３Ｄ思考、善加運用擔憂、堅持開始，幫助各位建立安全感和正面的自我對話，如此一來，你就能反覆跨出易於執行的一小步，持續邁向你本來很害怕的任務。不僅如此，每次你應用本書提供的替代方案來處理困難的工作，就是朝打破舊有的行為模式更前進一步，慢慢戒掉對拖延的癮。

三大障礙

妨礙行動、導致拖延的三大恐懼，分別是害怕被工作壓垮、害怕失敗、害怕無法完成。這三大障礙通常相互影響，加劇一開始的恐懼和壓力。只要克服其中一項障礙，就更容易破壞其餘兩項，因為在面對恐懼、跨越障礙的過程中，你已經建立信心。研究證實，面對害怕的情況時（例如狂吠的狗、到處都是人的派對、發表演講），就算只花三十秒，對自己傳達正面的自我對話，便足以開啟用正面替代方案取代恐懼機制的過程。當你擁有足夠的武器和工具，不再需要逃避，學習與恐懼共處就會容易許多。

要消除使人逃避重大工作的壓力和焦慮，不妨使用以下三種工具：

- **3D思考與反向行事曆：對抗被工作壓垮的恐懼**
- **善用擔憂：對抗對失敗與不完美的恐懼**
- **堅持開始：對抗無法完成工作的恐懼**

工具1：3D思考與反向行事曆

想進行一項龐大的計畫，需要看清整個計畫的大小和規模，才能知道要往哪個方向走、決定要在何時何地開始。當你檢視眼前的工作，想像計畫的進程，身體也隨之產生反應，這時你往往會感受到一股能量（壓力或焦慮）。你就像正抬頭仰望一座摩天大樓，心知自己必須爬上頂樓，到時自己想必累成一攤泥。在這個階段，你為這項計畫創造了一個平面的影像：必須一口氣做完浩大的工作，沒有時間停下來喘口氣；這個想像把所有執行計畫的步驟（開始、過程、結束）全都混在一起，你的身體也只好發動相應的反應，才能產生足以處理一整項計畫的精力。

被一項重大工作壓得喘不過氣，會產生心理和生理的影響。喬爾是一個充滿熱忱、極具生產力的新進律師，他遇到口供證詞和案件摘要時都能迅速完成工作，獲得強大的滿足感，然而他總是逃避較為複雜的案子，這份恐懼和拖延也開始妨礙他升遷。每當他面臨重要或風險較高的案子，他就會產生強烈的生理和情緒反應，令他動彈不得、什麼也沒辦法做。他的擔憂造成失眠、對小事猶豫不決、喝更多咖啡和酒。他擔心自己犯錯，擔心自己沒有能力應付這個案子，擔心自己必須非常拚命才能勉強把案子做好，擔心自己要是失敗會有多絕望沮喪。就如喬爾自己所說：

「我變得極度執著於打輸官司的可能性，結果連最起碼的準備也不做。我緊張到沒辦法決定該用什麼方式處理案子——該怎麼質詢反方、該從哪裡下手最好，然後我會非常害怕做錯決定，結果浪費了寶貴的時間。最終，我的緊張和拖延讓我沒有充分的時間準備口供證詞、上法庭。」

對喬爾和像他這樣的人來說，由於他們認為自己應該要在不焦慮的情況下開始工作，加上對自己一開始付出的努力做出強烈批判（「要是我開頭只能做到這種程度，我怎麼可能完成這項工作？」），他們對於被工作壓得喘不過氣的焦慮反而增加了。

想克服被壓得喘不過氣的感受，第一步就是要瞭解，當你想像自己為了完成重大工作必須付出多少努力，感到一定程度的焦慮是自然的。重要的是，不要把焦慮解讀成「我做不到」的徵兆。只要你不做以下幾點，這種程度的焦慮就不會讓你無法負荷：

1. 堅持要用對的方式下手。

在你尋找對的方式時，你的優柔寡斷和拖延就會導致你無法繼續完成計畫的其餘部分。你一方面看不出或許還有其他適合的切入點，另一方面又深怕自己的處理方式會造成慘烈的後果。你陷入「非對即錯」的二元思考模式，認定自己要嘛一開始就做對，要嘛就是全錯。基於這種觀點，每個切入點都像是無法回頭的，只要一選擇，就像骨牌效應一樣無法改變接下來的步驟，推著你往錯誤方向前進。

2. 不允許自己在計畫的過程中學習、逐步建立信心、尋求幫助。

你的平面思考模式要求你「現在」就要具備所有能力。你不允許自己在過程中學習，認為自己必須一開始就擁有充分的信心。

3. 對於自己「現在正要開始」的事實極度批判，告訴自己：「我早該完成了。」

你把每個成就都拿來和幻想中的理想狀況相較，於是這些成就都變得微不足道。相較於目標，開始動手做事、過程中的反覆嘗試都不值得一提，你幾乎無法忍受現在不完美的狀態，以及目前的掙扎。這種批判的比較方式，讓你一下子陷在負面的自我形象當中，一下子執著於理想中那個完成目標的自己。當你設法從現狀過渡到你希望的狀態，你便會產生極為強大的焦慮。

反向行事曆

喬爾運用3D思考檢視他的工作，看清全貌，將計畫切割成易於執行的小步驟。這種審視工作的方式，能讓人透視未來幾天或幾週的工作事項，為計畫的細項訂定截止日期。

使用平面思考時，很容易讓整個工作顯得密集而繁重，但切換成 3D 甚至 4D 的思考方式，就能按照範圍和時間，清楚地把工作拆解成小部分。這樣一來，你就不再覺得眼前的任務龐大、充滿壓迫感、根本不可能完成，只需要處理眼前的小部分就好。

我把這個概念稱為反向行事曆。當你想到幾個比較次要的截止日期，而且那些該做的事都是你能夠掌控的，你就不會像原先一樣，因為面臨龐大的計畫（加上失敗的後果會很慘重）而嚇得動彈不得。

從近期到未來，逐項安排你自己的截止日期，會讓你重新取回控制工作的能力，也在每個步驟之間製造一些喘息的空檔。改變檢視工作的方式，你就能運用其他策略，專注於當下，開始跨出第一步。假如逼迫自己一口氣做完所有的工作，會使身體產生過多精力，沒用到的精力就會讓你不斷幻想著未來，導致你焦躁不安、充滿壓力；不過，只要讓心神集中於當下、集中於能夠著手開始的事項，你的身體便會提供適當的精力，讓你保持活力與效率。

想要制定反向行事曆，**要從整個工作的最終期限開始，一步步往回推，直到能立刻貫注心力展開行動的當下**。遇到時程拉得比較長的事務，諸如粉刷房子、廣告宣傳活動、撐過減重計畫等等，反向行事曆都會非常有用。一旦你覺得快要喘不過氣，就該立刻使用反向行事曆，運用反向行事曆來檢視自己現在能做到什麼、是否能把一部分分派出去、什麼時候能夠停下來喘口氣。

1. 最終期限：六月一日，早上九點前給老闆草稿、口頭報告，或是把企劃放在老闆桌上。

五月二十八日：最後修正
五月二十六日：重新看一次手上的資料
五月二十三日：該把信寄出去／做簡報檔／收集數據的最後期限
五月十五日：完整草稿／改寫／追蹤進度
五月一日：開始做計畫的最後一部分
四月二十二日：根據和老闆開會的結果調整內容
四月二十一日：跟老闆開會，討論方向和進度
今天，四月十五日：初擬草稿；規畫大綱；決定要做哪方面的市調，請教專家

2. 最終期限：一月一日（明年），跟某公司完成合約談判。

十二月一日：在律師陪同下，跟某公司的經理見面

十一月二十日：二十二到二十七日要去旅行，在那之前打電話給某公司

十一月一日：把草約最後一部分寄給對方

（繼續安排每個月的行程，直到推回到現在的日期）

七月一日：和律師開會

今天，六月十五日：聯繫某公司的人，討論截止期限和開會時間

這種做法可以應用在計畫中每個步驟。舉例來說，要完成一份重大的公司報告，可能會有幾個子步驟本身就不好處理，不過只要再將之分解成幾小塊，你今天就能動手做計畫的第一部分了。

為工作制定反向行事曆，能夠幫助你在每個步驟都規畫好時間表，讓你知道每週必須投入多少時間，例如一週工作二十小時、持續五週。

無論該做的報告或活動有多浩大，反向行事曆都能讓你有務實的概念，掌握每一步驟要花多少時間來完成。現在，你能夠掌控每個細項的截止日期，而不是被一個巨大的截止日期壓得無法呼吸。當你覺得更能夠掌控工作計畫，便不再承受外在壓力，完成每個細項還能讓你更有成就感。

喬爾運用反向行事曆和3D思考，看清準備案子需要做的每個準備：研究法條、取得口供證詞、分派工作給法律書記和助理、和資深同事討論。現在，喬爾可以想像自己動手做一件應付得來的事情，不禁對於案子可能的進展興奮起來。案子越重大，就顯得越靈活、越需要與人互動，必須擁有多樣的技能，也需要一段時期的籌備。對喬爾而言，這些案子再也不是一座必須一蹴而就的高山。

由於他先前太擔心犯錯，喬爾利用反向行事曆來警誡自己，他在什麼階段可能會因為緊張而搞錯方向。在這些時期，他就會藉由不安感和壓力，提醒自己要停下來思考一下，或是徵求同事的意見。喬爾不僅控制了被工作壓垮的恐懼，也透過3D思考，更務實地管理時間。現在，案子的每個步驟都清楚明白，喬爾於是能夠事先判斷行程安排可能會遇到什麼困難，並且避免犯下可能付出重大代價的錯誤。

工具2：善用擔憂

耶穌又對門徒說：「所以，我告訴你們，不要為生命憂慮吃甚麼，為身體憂慮穿甚麼。因為生命勝於飲食，身體勝於衣裳。……你們哪一個能藉著憂慮使壽數多加一刻呢？這最小的事你們尚且不能做，何必憂慮其餘的事呢？」

——路加福音

擔憂可以讓我們預見危機，採取預防措施。我們要珍惜擔憂的能力，因為這是一種看清潛在危機的方法。不過，大部分會降低生產力的擔憂通常會使人腦中迅速閃過一個又一個嚇人的想法，製造更多威脅——我們會心想：「如果發生這種事，一定會很糟糕的。我沒辦法忍受，我一定要做得很好，不然就慘了。」要是停在這裡，腦中只想到這些憂慮最嚇人的部分，就好比嘴巴大喊：「危險！」卻不知道要怎麼辦、要往哪裡跑，結果我們的尖叫聲導致別人一陣混亂，卻沒有告訴他們要怎麼逃離危險。警告自己有潛在的危險，卻不建立一套應對計畫，等於是只做了擔憂的半套工夫，跳過擔憂的正面功能：擬定行動計畫。

一旦發現危機，一定要處理，才能減少擔憂與焦慮，否則只會產生過剩卻無法發揮生產力的精力。在我們找出解決辦法或消除危機之前，憂慮會像反覆重演的惡夢，一再提醒我們相同的困境或難題。想要正確引導自身能量，讓憂慮發揮效用，就必須擬定計畫、行動或解決方案。

拖延是一種無效的擔憂應對機制，因為拖延使我們遲遲不採取行動，又令更多憂慮逐漸累積。伴隨拖延而來的憂慮，通常是我們小時候就學會的，因為父母、主管、師長常利用威脅、災難即將發生的想像，驅使我們達成他們所選擇的目標。鞭子比糖果更有效的想法充斥學校、工廠、辦公室，結果多數人都對失敗有程度不一的恐懼，也容易擔心自己會因為不完美而受到排斥。

我們都常聽到類似的故事，主管吝於讚美下屬做好的工作，但只要有事情尚未完成或不完美便大肆批評，說：「你做出來的東西差得遠了……你還有很多事要做，我要你盡快完成。」父母或老師則試著激勵孩子，說：「你都拿了三個A，為什麼數學這一科只拿B？」

這種可怕的訓練（讓我們覺得自己永遠不夠好），導致我們深信，我們永遠不可能讓父母或主管滿意。不管付出多少努力都是徒勞，這種感覺非常令人沮喪，也傷害我們的自我價值感。若是缺少自我價值感，我們就算是遇到再正常不過的錯誤，也難以從批判中復原，讓我們不敢踏入工作場合，因為失敗很容易預見，對努力和成就的讚美卻甚少出現。最終，我們覺得風險太高，那些威脅也無法再驅動我們前進。

如果一個人其實很有天份，卻因為害怕變成第二名而不敢行動，這種狀況就更令人難過了。在最糟的狀況中，他們的完美主義和對失敗的恐懼（所謂的「失敗」，就是不夠完美），讓他們寧可任由天份凋萎，也不願意冒著當第二名的風險而完成一項工作。這些成長於威脅中的人，經常模仿他們嚴苛的師長，對自己說出充滿威脅性的自我對話，可是這種威脅無法幫助他們面對恐懼，只會助長拖延的惡性循環：威脅的自我對話造成焦慮，焦慮造成抗拒，抗拒造成拖延。面對挑戰、失敗可能性造成的緊張感，或許可以透過拖延暫時減輕，但拖延無法幫助我們逃離擔憂。

想要打破這個障礙，就不能光用可能發生災難的想像來嚇自己。我們需要引導花在擔憂和驚慌上的能量，擬定消除威脅的計畫。如此一來，我們能更有效益地運用壓力（也就是我們天生的生存機制），使其發揮本來的效用——保護自己、讓自己準備好採取正面的行動。只要適當運用能量，讓你的腦袋認知到自己身心都處於安全狀態，就能製造適當程度的精力，投入工作。

茱蒂是一名聰明的年輕會計，十年來深受慣性拖延所苦，擔心會丟掉工作。她任職的保險公司氣氛冷酷、充滿壓力，其他同事早就離職，只有她繼續逼自己在那裡工作，因為她很小的時候就學到，自己很懶散、不夠好、永遠做不到完美，需要那些自稱關心她的人不斷提醒她、對她施壓。

在茱蒂的家庭，每個人的進步很少受到讚揚，除非和別人相較起來真的很出色，不管是在教育、運動、還是音樂才能，都充滿了必須當第一的壓力。當茱蒂發現主管也很少讚美別人，卻不斷施加龐大的壓力，其實茱蒂一點也不意外。從主管的角度來看，要讓茱蒂有足夠的動力工作，除了靠茱蒂的薪水以外，就靠他頻繁拋出的壓力和恐嚇了。

對茱蒂而言，這種工作環境恰恰坐實了她從小養成的不安感。她認定自己不配擁有太多，既害怕失敗，也害怕恐懼。她說：「我搞不好會做錯什麼事，別人就會覺得我很笨，我總覺得別人一直在檢視我，而我總是沒辦法做到最好。可我知道，要是別人說我很聰明、很有才能，我還是會很緊張，因為這樣一來，我就必須維持聰明又有才能的樣子。」

不斷恐懼被批判或丟工作，讓茱蒂長期處於壓力之下，身體狀況大多時候都很差。她會來尋求我的幫助，主要是為了拖延習慣，以及害怕工作表現越來越差。就像多數拖延者一樣，茱蒂是很好的員工，一點也不懶惰，反而是壓力和對失敗的恐懼阻礙她工作。由於茱蒂預期工作做不好而受到批判、越來越少受到讚美，壓力持續增加，她的動力和自信也逐漸消失，更加依賴拖延來逃避、表達內心的不滿。

茱蒂很快便明白，主管的威脅和吝於讚美恰恰複製了兒時的環境，也看清她的成長背景養成了她低自尊、受害者心態、抗拒，以及充滿破壞性的應對機制（包括拖延）。瞭解這些之後，她亟欲改變目前的生活環境，雖然我還沒告訴她善用擔憂可以減輕壓力，她已經開始思考「要是發生最糟情況會怎麼樣」。茱蒂恍然明白，即使她會非常尷尬、處境艱難，但最糟也不過是丟工作，就某方面而言，少了這份工作反而會讓她大鬆一口氣。其實，因為她生性膽小、自尊又低，要是她不被解雇，她很可能永遠不會主動找更好的工作。

然而，茱蒂決定她想要更多，希望自己的工作能力和天份能夠受到認可。茱蒂下定決心，要找到能夠欣賞她的特質和能力的人，而不是老要求她改變自己的人，她再也不想要待在會打擊自尊的環境中工作。既然已經面對了最糟的狀況（丟工作），茱蒂透過自我疼惜的對話、具體的替代方案，創造了安全感，幫助她應對工作狀況，並尋找新的工作機會。

茱蒂已經踏出了面對恐懼、創造安全感的第一步驟。這個過程總共有六個步驟，能夠讓你不再糾結於「要是……就慘了」，而是把用在焦慮的能量重新導向更有建設性的行為，為潛在的危機預做準備。如果你會持續擔心在某個計畫失敗或丟工作，就問自己以下六個問題，以發揮擔憂的力量：

1. 最糟的狀況會是什麼？

我要認清可能發生的最壞情況，衡量真正發生的可能性。

2. 要是真的發生最糟狀況，我會怎麼做？

除了說「這樣就太糟了」之外，我還要思考：我可以尋求哪些幫助？要是我變沮喪、失去控制，我該怎麼因應？然後我該怎麼做？在那之後我又該怎麼做？我一定要持續問自己：「接下來我要怎麼做？」直到我明白，不論發生什麼事，我都能盡力前進。我希望自己能夠說出：「沒有任何事會糟到讓我無法前進。」

3. 要是真的發生最糟狀況，我該怎麼減輕痛苦，盡量讓自己快樂？

如果一切準備都失敗，我不得不面對最害怕的情況，我是否準備好原諒自己，減少憂鬱和自我批判，因為我只是一個脆弱、不完美的普通人？無論情況多慘，我該怎麼回頭改善我的生活？

我一定要記住，我能夠增進自己的力量，也要記住我的力量曾讓我度過乍看不可能熬過的情況。過去的成就是否能教會我用靈活的方式應對，善用隱藏的天賦，在需要時自然會激發出潛在的力量？

4. 我有什麼替代方案？

我是不是因為堅持只有一種方式能夠完美達成任務，而且認定我的人生該有什麼樣子，所以限制了自己的選擇？如果想要增加我能接受的替代方案，我該怎麼做？我容許自己把哪些方案納入考慮？我一定要放下只有一種生活方式的想法，記住有很多方式可以得到快樂和成功。

5. 我現在可以怎麼做，好降低最糟狀況發生的可能性？

我是不是拖延了什麼必須去做的事（一通電話、一封信、一個會議），如果做了的話，能夠減少擔憂、創造安全感、讓我開始工作？既然衡量過可能發生的最糟狀況，也做好面對這種狀況的心理建設，我現在準備好處理手頭能做的事項，增加成功的可能。

6. 我現在能做什麼事，好增加達成目標的機會？

考慮過最糟情況、做好應對最糟情況的計畫、用替代方案做好心理建設之後，我可以問自己：「我現在能做什麼事，好增加達成目標的機會？」假如明白了就算發生最慘的狀況，我也有替代方案可以選擇，就能建立安全感，準備好全力以赴，不至於被對失敗的恐懼給拖累。

善用擔憂、創造安全感、使用生產者的自我對話，能夠幫助我們建立真正的自信心。

多數人都想要一種虛假的自信，告訴自己：「我一定要確定我會贏；我應該能夠保證，一切都不會出錯。」但這種想法非常不利，因為你不會考慮：「要是真的出錯，我該怎麼辦？」試圖控制一切、讓一切按照希望的方向走，需要花費龐大的力氣、讓你看不清哪裡可能出錯、使你未能規畫失敗的出路、榨乾能讓你從失敗中復原的能量。

真正的自信，是知道不管自己冷靜或緊張、成功或失敗，你都會付出全力，必要的話也會爬起來再試一次。真正的自信，是能夠說：「我準備好面對最糟情況了，現在我要全神貫注，把事情做到最好。」

工具3：堅持開始

克服了前兩項障礙，順利展開行動之後，你可能需要克服對完成的恐懼。許多拖延者能夠開始做一件事，卻由於負面的態度、許多負面的自我對話，創造了阻礙自己完成這件事情的障礙。無法完成一件事，就像害怕成功一樣，可能是因為做完一項計畫會伴隨幾個沒什麼吸引力的因素。

相較於堅持做完一項計畫，延遲完成反而需要更多力氣，帶來的滿足感比較少，也剝奪了享受玩樂和展開新計畫的機會。建立克服障礙的方法和良好的工作習慣，並且堅持到底，會比拖延著不完成一件事帶來更多好處。瓊安．明尼格爾博士（Dr. Joan Minninger）在《讓記憶活起來》（*Total Recall: How to Boost Your Memory Power*）中提及學習一套記憶的架構：

相較之下，因為錯過截止日期或弄丟車鑰匙造成的混亂，顯得更嚇人、戲劇化多了。可是，混亂也令人疲憊、浪費時間……你大概認為，努力記住東西的過程很枯燥，讓你沒辦法享受休閒娛樂，但事實正好相反，當你為生活中的混亂創造秩序，你反而能解放自己，釋放更多時間和情緒能量，可以用來享受真正美好的事物。

一名三十歲的自然科老師蘿拉即將完成碩士學業，有了這個學位，她就有資格加薪和升遷。然而，蘿拉最後一項研究計畫卻拖了足足兩年。

對蘿拉而言，結束一項計畫，遠遠不如去發現什麼新事物來得令人興奮。要她坐下來批改學生的作業、在家完成一幅繪畫、持續進行某個興趣直到變拿手，需要有非常大的控制力。蘿拉很擅長開始做事情，所以她也不確定自己到底算不算是慣性拖延的人，在生活的任何方面，包括慢跑，她都很勇於展開行動。後來，正是她對慢跑的熱愛與一場馬拉松（也就是不帶罪惡感的休閒娛樂），讓她改變態度，產生足夠的動力完成碩士學位需要的研究。

蘿拉為了人生第一場四十二公里的馬拉松，花了好幾個月準備，她也表現得很不錯，但她訓練時始終無法熬過最後九到十二公里，也就是所謂的「撞牆期」，這時身體會因為耗盡體力而徹底停下來。正式比賽的途中，蘿拉跑到三十公里的時候，身體開始發出需要補充營養的痛苦訊號，心知自己面臨撞牆期，但眼前還有十二公里要跑，她根本不知道該怎麼爬到終點線，遑論用跑的了。不過，在她考慮放棄之前，她腦海中出現一個聲音，後來這段話也幫助她克服拖延，完成研究計畫：「我現在很痛苦——要繼續跑很痛苦，光是站著也很痛苦，走路也很痛苦，甚至連躺下來都很痛苦。不管我怎麼做都會痛，不如索性繼續跑下去，盡快讓這一切結束。」

蘿拉明白的道理是，**拖延需要付出力氣，面對完成的恐懼也需要付出力氣，無論選擇哪一種，都必須以某種形式付出精力，倒不如選擇更有長期效益的事情來做**。即便痛苦也要繼續跑完馬拉松的決定，讓蘿拉更容易把本書的策略應用在研究計畫上。她發現自己習慣在快要完成一件事、即將受到評斷時放棄，並且把這個習慣和負面的自我對話連結起來，明白了這件事，蘿拉就能用正面的自我對話加以挑戰，把力氣引導到完成計畫上。

參加馬拉松的經驗，剛好幫助蘿拉明白，完成研究該採取哪些步驟。就像大多數重大任務一樣，修正似乎總是做不完，追加的要求更是源源不絕。從失敗、疏忽、錯誤中爬起來很難，但蘿拉已經完成一項成就，在達成這項成就的途中也克服不少困難。在做研究的這幾個月，蘿拉經常想起，做好只跑四十二公里的準備其實是不夠的，因為正式馬拉松的長度是四十二公里又一百九十五公尺。就在她越過四十二公里的指標時，她正打算任由虛脫的身體癱軟在地，這時她耳中沒有聽見預期的掌聲，卻是催促她再跑一百九十五公尺的加油聲。蘿拉幾乎是一步一步地數著，才勉力完成馬拉松，這也讓她學會不被更多工作壓垮、專注於目前能做的事情，不斷告訴自己：「我可以再走一步。」

開始工作之後，要學習辨認悄悄鑽進腦中、降低生產力的自我對話和態度，接著挑戰負面的自我對話，消除對於完成的恐懼，釋放多餘的創造力，運用在真正值得的事物上。

挑戰負面的自我對話和態度

1.「我要做更多準備才能開始。」

小心，有時候準備過多會變成拖延。

你可能展開新計畫，蒐集了做好工作所需的資訊，感覺很不錯，但你覺得應該問更多問題、做好更多準備，才能真正實行自己點子，因為你想要讓自己更有信心。你做了完成計畫的決定，可是做了開頭幾個步驟之後，繼續執行的動力就減退了。如果你有完美主義的傾向，更可能發生這種情況，因為你對失敗的恐懼會促使你不斷詢問專家，列出長長的確認清單，結果阻撓自己徹底投入工作。

要克服這種情形，需要把尋求主管建議、跑去圖書館找其他解法、進一步做準備這些行為，都視為拖延。你要把「進行計畫」嚴格定義為自身付出努力取得進展，而不包括多做準備或徵求其他人的意見。是否要進一步做功課，可以等你拿著已經完成的部分徵求回饋時再考慮。像蘿拉一樣提醒自己：你無法逃避工作；做更多功課需要付出力氣，完成計畫需要付出力氣，甚至連透過拖延逃避也需要力氣。何不選擇再往前一步，繼續進行？

2.「按照這種速度，我永遠做不完。」

剛開始一件計畫時，學習或完成某部分的速度往往比你習慣的要慢。你要記住，等你更熟悉這個計畫、對目前的處境更有自信，你的動作就會變快了。隨著你往上爬，你能看見的景色會越來越遠；你會有時間、空間可以休息；你的學習速度會迅速加快，特別是如果你運用正面的自我對話，讓自己專注於手頭的工作，而不是自我批判（參見第七章，學習用有創意的方式解決暫時的障礙）。要抱持樂觀的期待：隨著你取得進展，你的學習速度和能力都會躍升，所以你沒辦法根據目前的能力或知識來判斷進度。等這項計畫越來越接近完成，你會發現你的自信和能力都脫胎換骨。

3.「我應該早點開始才對。」

你已經開始了，你應該予以肯定。對自己嚴苛的完美主義者常有半杯水的迷思，阻止自己為了已經做到的事受到肯定。這個計畫或許比你一開始預期的還要龐大，既然你已經著手進行，也看清所有該做的事，你或許需要多運用 3D 思考，來克服被工作壓垮的恐懼。

將計畫打碎成小部分，中間要插入應得的休息和假期，並持續投入不帶罪惡感的休閒玩樂，不要花時間自我批判、想像自己被剝奪了什麼。每達成一部分的進展，無論進展多微小，都要犒賞自己。

4.「做完這個，只會有更多工作等著我。」

人會害怕成功的原因之一，就是會面臨更多要求。你可能會想：「要是我做這件事，別人就會期待我以後也做到，我不確定自己能不能達成他們的期待，也不知道自己想不想。」要是你認定成功只會帶來更苦悶的未來，你勢必不會有動力做完手邊的計畫。不要把這項工作和未來的計畫連結在一起，你可以決定未來是否要接受那些工作。向自己承諾，對於未來的每一步，你都會盡可能給自己選擇的空間；避免對於還沒輪到你頭上的工作產生「應該」的想法或受害者心態。你可以等到完成這一步之後，再決定下一步。要記得，這兩步之間並沒有關連，你可以控制什麼時候要做下一步的工作，而且等你完成目前這一步，你會變得更強大、更有智慧。

5.「沒有用。」

「我已經很努力了，卻一點用也沒有，到底哪裡出錯了？」這樣的自我對話，可能代表你有完美主義，也未能善用擔憂來建立替代方案，好度過難關、完成計畫。當你脫離舒適圈，能力更上一階的時候，感受到某種程度的不適應是自然的，那些難關和負面想法不是你應該放棄的徵兆，而是要你發揮創意，想辦法解決難題或另闢蹊徑。與其盼望一條絕不會有狀況的完美道路，不如堅持走完現在的這條路，想辦法讓計畫成功。做為生產者，你無須想辦法讓工作過程完全無痛，也不該尋覓完全不會有難關、夢想中的完美工作，只要專注於想要的結果上，設法讓這條路順利成功。

6.「我只需要多一點時間。」

工程、業務或生產部門已經準備好要用你的工作成果了，但你哀求他們多給一點時間，讓你修改、抓出錯誤。你表現良好，達成了主管或客戶的要求，但卻不肯把成果交出去，除非你確定完全沒有疏漏。不管其他人說幾次你的工作成果已經夠好了，你就是不敢放手。

眼看其他人對於品質的要求沒有像你這麼高，你可能很難接受。其實，你還因此自視甚高，畢竟其他人只想要把事情完成（要是你趕不上截止期限，他們就會要你負責），而你重視的不只是準時完成，而是品質。你經常暗自希望只要再多一個小時就好，你就能把事情做得更棒，偏偏他們立刻就要東西。雖然你很努力把工作做好，你卻常常覺得是體制的受害者，這個體制只根據每個人真正完成的事情論功行賞，卻不會獎勵你夢想做出最完美的成果。

想要克服這種拖延模式，就需要嚴格審視：那些確實完成卻不夠完美的工作有什麼價值，遲交、未完成、理想中的成果又有什麼價值。幻想永遠比現實更安全、更美好，但有這種完美主義的人必須認清，憑一個凡人的努力，無論做得多完美，都不可能徹底擺脫某些人的批判和排斥。

你必須學習接納焦慮，接納明知不完美卻仍要完成的風險；你要明白，為了追求完美而不斷修改，只是浪費寶貴的時間。學著面對批判，別再把自尊和工作綁在一起，換句話說，就是要創造安全感，試著把自我價值和工作區分開來。認清自己對於交出工作成果（也就是你能在時限內完成多少）的恐懼；你必須真的願意在有限的時間內做到這項任務。你可以使用 3D 思考、善用擔憂、開始之後就要堅持下去等策略，讓自己有能力面對批評和必要的修正，但一定要把成果交出去，別再停留在幻想的階段，而是踏入現實。

持續開始做

完成一項任務，需要進行收尾、修正，不過大體而言，每一件浩大的工程都是在一連串開始中完成的。克服三大障礙的技巧，可以幫助你完成任務。運用這些策略，辨認內心負面的自我對話，來對抗被工作壓垮的恐懼、對失敗的恐懼、對完成的恐懼。反覆開始去做，工作就會自然而然地完成。當你害怕完成一件事，要不斷問自己：「我什麼時候可以開始？」

第六章
留白時間表

生命中最重大的難題，基本上都是無從解決的……〔這些問題〕並不會自然而然、有條有理地獲得解決，而是當一個人產生更強烈的新慾望，便會自然淡去。

——卡爾・榮格（Carl Jung）

我們別騙自己了，人生不可能純粹只有玩樂。透過拖延來逃避工作，只會增加你的焦慮；只有工作能緩解這份焦慮。面臨一份無法負荷或是不愉快的任務時，吃巧克力餅乾、看電視都不會抒解我們的緊張感；面臨巨大的難關時，拖延跟玩樂都無法解除我們的焦慮。**唯一有幫助的事情，就是動手開始做**。

但問題就在這裡，對吧？你似乎沒辦法逼自己開始工作，至少不是你認為應該要有的樣子。「工作」意味著剝奪，意味著面對承擔不了的任務，意味著面對不安感，意味著內外夾擊、逼迫你要完美無缺的壓力，意味著強迫自己做一件寧可不要做的事。

不過，要是你可以憑一套簡單的方法，學會在短時間內面對自己的恐懼、忍受自己的不完美，讓自己可以完成幾分鐘的高品質工作，使你能夠在沒有罪惡感的情況下享受休憩時光，又會怎麼樣呢？

留白時間表只要求你以三十分鐘為目標。你沒看錯。**只要每天願意工作三十分鐘，你**

就能踏上從拖延者變成生產者之路。

三十分鐘看起來可能不足以完成一項重大計畫，但在你全神貫注時，三十分鐘卻足以解決一個難題。你會看著自己的手錶，驚訝於自己竟然完成了這麼多事情，畢竟三十分鐘乍聽之下很短。你可以用碼表來記錄這段高品質的工作時光。

最重要的是，你開始工作了。當你克服一開始的惰性，就已經熬過最困難的一關。有時候，光是「想辦法開始」，便足以讓自己持續到完成。動手開始做，能讓你看清真正該做的工作量，而不是花力氣逃避自己害怕的事情。當你面對恐懼，就會明白眼前需要做的只是單純的工作，或許很困難，但你至少不需要處理幻想出來的龐大焦慮和擔憂。

我有一位叫凱洛琳的客戶，拖了好幾個月，遲遲沒幫媽媽買她需要的中式廚具，總會有些小問題阻礙她，讓這件事變得很複雜、難以處理——路途好像很遠、她不知道要在哪下火車、要是跟陌生人問路會很尷尬、她不確定該在哪一間店買。有個雨天，她拖延著不做其他事情，結果決定跳上火車，問一個路人該怎哪一站下車，然後就這麼沿路找去。神奇的是，一切都順利進行，等她抵達目的地，一看手錶，才發現她只花了九分半鐘，就找到正確的車站、正確的店家。「九分半鐘！」她對我說，「我把這件事情拖了好幾個月，結果只花了九分半鐘！」

每個拖延者都需要有系統的做事方法

我在101空降師服役、在擔任生產線管理成員、任職於石油公司、決定攻讀心理學研究所時，陸續獲得了一些務實的經歷，早年的這些經驗教會我要如何在壓力下執行工作，又要如何在別人倚靠我的時候把任務完成。我學到，只要我選擇去做，我就能有效率、有效益地完成工作。然而，我回到學校之後，卻發現同學們會為了一份兩小時就能寫好的報告，痛苦好幾天之久。

這些攻讀人類行為的同學全都聰明絕頂、擁有博士程度的知識，卻苦苦掙扎，彷彿完全不知道該如何引導自己的思緒、感受和行為。看在我眼中，這真是奇怪至極。我們研讀的那些理論，不管是談人格還是談異常行為，全都給不了什麼幫助。對於一些尋常的問題來說，例如拖延、堅持完成新年願望、洗衣服、動手寫一篇二十頁的論文、準時赴一個晚餐的約，心理學理論沒有多大效用。

所以，我開始蒐集資料，想找出一套真正有效的方法，可以幫助我在面臨困難、討厭或是無法負荷的任務時，控制自己的行為。在我尋找一套務實方法的過程中，我發現當代行為主義心理學的創始人史金納（B. F. Skinner）會把一個計時器連在椅子上，每當他坐上椅子，就好像「打卡上班」，像我在超市工作時那樣。連史金納這麼多產的作家都要靠計時器！他還會做流程圖，這個概念就像是每完成一小部份工作，就要給自己一顆星！我驚奇不已，對自己說：「假如連史金納都需要建立一套有系統的工作方式，那我也需要。」

於是，我開始記錄每次毫不間斷完成的三十分鐘高品質工作，並把這種工作方法稱為**留白時間表**。我效仿史金納的模式，每當我開始工作，便利用留白時間表加以記錄，當成是「打卡」上下班，掌握自己真正在工作的時間並予以肯定。隨後，配合讓人產生動力的「拉法」，我就能確保自己在做一些自己喜歡的事。

運用這套策略不到一週，我發現我開始期待記錄每一個小小成就的時間，也期待用和朋友相處、打網球、閱讀等娛樂來犒賞自己，於是越來越早動手工作，也完成更多事情。我就這麼開啟了向目標邁進的方法，這套方法奠基於以下三項：

- **不受罪惡感干擾的休閒娛樂**
- **高品質的工作**
- **留白時間表**

利用留白時間表記錄高品質的工作時間發揮了強大的效果，也促使我事先列出休息時的犒賞，讓我有事情可以期待。靠著這套方法，我雖然有一份全職工作，還是在一年內完成博士論文。留白時間表讓我對自己花時間的方式有非常清楚的概念，所以我知道在這一年，我每週平均會有十五小時專注於工作、生產力極高，此外依然有充裕的時間可以滑雪、慢跑、和朋友相聚。

留白時間表是一份以週為單位的行事曆，藉由各種休閒娛樂活動，例如休息、三餐、安排好的社交活動、玩樂，把一週切割成易於消化的小部分。除此之外，留白時間表也會記錄你毫不間斷、生產力高的工作時間。生產者可以用留白時間表，事先安排不帶罪惡感的休閒時光，並且確實掌握真正能夠工作的時數。這種安排行程的方法會促使你更早投入工作計畫，因為你會發現，扣掉每天的家務事、開會、交通、三餐、睡眠和休閒，你真的能夠投入工作的時間其實很少；不僅如此，你也會更輕鬆地展開工作，因為三十分鐘夠短，根本不足以讓你覺得壓力太大，但又長到可以好好做完手邊的事，值得停下來休息或犒賞自己。以三十分鐘為單位，就能把工作切割成易於消化、值得獎勵的小部分，比較不會令你覺得整個任務太過浩繁複雜，結果被壓得喘不過氣。

留白時間表以創新的方式，結合幾種風評良好的行為學和心理學原則，解決常見的拖延問題，提升拖延者的生產力和創造力。留白時間表讓你先安排娛樂、休閒、和朋友相處的美好時光，從而避免了一般時間管理計畫常見的弊病——先安排工作，結果反倒讓人覺得人生毫無樂趣和自由，導致工作更嚇人。留白時間表反其道而行，讓你明白休閒玩樂近在眼前，而且一定會有休息時間，如此一來，為了盡早享受人生，你就會避免拖延。

留白時間表用兩種方式，幫助你建立自信。首先，在每一段短暫的工作時間之後，就立刻犒賞自己，而不是等到整件任務都完成才享受成就感；其次，養成記錄每段工作時間的習慣，讓你掌握自己每天（甚至每週）投入多少時間在全神貫注、毫不間斷的工作，會更有滿足感。留白時間表的三十分鐘工作時間是個毫無威脅感的目標，連最膽怯的拖延者也能毫不懼怕地執行。穩定工作三十分鐘，就足以令你產生成就感，相較之下，安排過長、不切實際的工作時數，只會讓你害怕失敗，而且也難以達成，甚至根本不會開始，因為時間長到讓你喘不過氣來。

反向心理學

如同其他策略，留白時間表善用了我們對於結構和權威的抗拒（這些抗拒就是我們會拖延的主因之一），反過來驅使我們增加生產力。多年以來，你都告訴自己要在困難的計畫上付出更多努力、投入更多時間；留白時間表和不帶罪惡感的休閒娛樂，卻要幫助你花更多時間在休閒上，並提高工作的品質。這套方法要你安排足夠的時間，參與高品質、毫無罪惡感的玩樂活動，還要你：

- 一週不要在這個計畫花超過二十小時。
- 一天不要在這個計畫花超過五小時。
- 每天一定要運動、玩樂或跳舞至少一小時。
- 每週一定要有一天完全不工作。
- 以每次三十分鐘的優質工作時間為目標。
- 剛開始的工作成效不需要完美，像個普通人就好。
- 一小步一小步開始。

這套策略會反轉被工作壓垮的恐懼、對失敗的恐懼，將之化為強力的工具，使你建立「現在就開始」的習慣。我們通常習慣先安排工作時間，玩樂時間則比較隨意處置，但這套策略要你先排定休閒時間，還要徹底執行，並把一開始的工作時間限制為三十分鐘，如此一來，留白時間表就能幫助你在潛意識中建立「工作更多、玩樂更少」的渴望。

我有位個案艾倫雖已年近三十，行為卻像在「兩歲惡魔期」的小孩或是叛逆青少年。艾倫會不斷告訴自己降低生產力的「我應該」自我對話，經常告訴自己「你必須做這件事」，導致他一想到博士論文，就不可避免地產生「不，我不想要」的念頭。

儘管艾倫堅持他確實想要拿到學位，他的拖延行為卻顯示他無意識地抗拒權威人物給他的壓力，覺得這股壓力正強迫他做違背他意願的事情。艾倫這種行為模式已經持續多年，所以他顯然預期會從我這裡受到更多壓力。但我沒有中計，淪為他眼中的權威人物，反倒對他說：「你來找我求助，想要完成一件非常浩大複雜的任務，預期自己接下來整整一年都要非常努力，也代表這一年都不能和朋友相處、做你真正喜歡和真正擅長的事。嗯，我是不會叫你這樣做的。」我告訴他，叫一個人做他不想做的事實在太困難了，我也不怪他不想做。在我來看，他大可不要做。「你現在這樣子就已經很好了，」我對他保證：「世界上很多人都沒有博士學位，但他們還是活得很快樂、很成功，你根本不需要做這件困難的事。」

這個想法對艾倫來說十分新奇，立刻吸引了他的注意力。我一提出他不需要為了這項大工程花上整整兩年做研究、寫論文，艾倫便恍然明白，雖然做這件苦差事並不會讓他很快樂，但他願意一試。然而，我覺得艾倫還沒做好全心投入的心理建設，所以我告訴他，他一定要完全照我說的做，我才會繼續幫助他。「一週不要工作超過二十小時，」我堅持：「也不要為了論文，一天工作超過五小時。你要對我保證，你會抗拒一週工作二十小時以上的欲望。」

這對艾倫投下另一顆震撼彈。過去兩年來，他每週連投入五小時的高品質工作都做不到，但我卻要他保證一天不能工作超過五小時，這讓他意外地感受到另一種壓力。

等我說完我的要求，艾倫對我頗為氣憤，最初的驚愕消失之後，他說：「你算什麼，竟然叫我一週不要工作超過二十小時，而且一天不能超過五小時？這是我的論文耶。」我回答：「是的，這是你的論文，你有權決定自己投入多少心力，但我還是希望你抗拒衝動，下一週不要工作超過二十小時。」

艾倫過去一直藉由拖延來抗拒權威、抗拒內心「必須去做」和「我應該」的自我對話，現在，如果他想要抗拒我這個新權威，他就必須做更多工作，突破我為他設下的時間限制。

下一週，艾倫帶著填滿的留白時間表回來找我。兩年來頭一次，他在沒有罪惡感的情況下徹底享受休閒活動，但他把工作時數給我看的時候，顯得心情複雜。他這週投入了十八個小時的優質工作時間，這是他多年來都沒達到的成果。

如今的艾倫已經克服拖延和無法開始的惰性，也不再一直對抗想像中的權威，這個成就完全是他憑自己努力達成的，而不是其他人或我強加給他「必須去做」的事。他為自己的進展感到驕傲，也因為他對於工作的感受和態度發生轉變，而非常興奮。

不過，艾倫又過了好幾週，才徹底認識正向反抗和個人成就的威力。在那個階段，他甚至反抗了我這個權威，在留白時間表上填上一週二十二小時、一天六小時的優質工作時間。

像這樣反抗權威的方式，就非常有生產力，你可以堅持自己的權利：「不，我不需要為了其他人做，這是我自己的工作、我自己的人生。」

如何使用留白時間表

過去二十五年以來，靠著上千名客戶、個案和課程學員的回饋，我逐步發展出填滿留白時間表的方式。以下十一條留白時間表填寫原則，是經過審慎思量的，我強烈建議你至少遵照原則填寫兩週，再進行任何調整。假如你決定嘗試在留白時間表做任何變動，請看「調整自己的留白時間表」這一節，會對你很有幫助。

1. 只能排定：

- 事先就知道要投入的時間，例如三餐、睡眠、會議
- 自由時間、娛樂、休閒
- 社交活動、和朋友約定的午餐和晚餐
- 有益健康的活動，例如游泳、跑步、網球、去健身房運動
- 每隔一段時間就會規律發生的活動，例如通勤、上課、看醫生

留白時間表的最基本原則，就是先盡量填入非工作性質的活動，這會幫助你停止幻想一天有二十四小時、每個週末有四十八小時可以工作，也讓你對於真正能做事的時間有更清楚的認識，使你更妥善管理時間。

不要填入工作時間。要記住，最重要的就是，留白時間表給予你不帶罪惡感的休閒時間，並且讓你的私人事務正當化。這一步會幫助你避免野心過大、過度看重工作，反倒嚇壞自己，結果導致失敗、失望、自我批判和拖延。

2. 先完成至少半個小時的工作，之後再填進留白時間表。

把留白時間表當成一個計時器，開始工作時就「打卡上班」，當你完成一定進度就

「打卡下班」。與其為了還有多少事情該做而焦慮，不如為自己在短時間內完成的事情而興奮。你也可以把三十分鐘設定為自己的工作期限，來激勵自己工作得更有效率。

3. 一定要完成連續三十分鐘不間斷的工作才算數。

如果你沒有連續工作三十分鐘，就不要記在留白時間表上。如果你有足夠的自律，能夠在剛投入工作的幾分鐘抗拒會讓你分心的事情，你就足以持續投入、保持對這項工作的興趣。如果你自律地毫不間斷工作，你會確實明白自己填進留白時間表的半個小時是「優質的工作時間」，而不是中途跑去拿洋芋片吃或跑去打電話。像這樣逐步累積成就，能夠幫助你建立身為生產者的驕傲和自信。

4. 每工作一段時間，就休息或改做自己更喜歡的事情，藉此犒賞自己。

這是你應得的。你動手工作了！因為你克服了一開始的惰性，你也開始累積做事的動力，讓你下一次更容易開始。像這樣為每個正面的成就來獎勵自己，就能為工作創造正向的連結，而不是負面連結。現在，你可以為自己創造更好的新習慣。

5. 追蹤每天、每週完成的優質工作時數。

加總起來，重視自己確實達成的成就。光是這個行為本身就能獎勵自己，在工作結束之後給予鼓勵，建立正面的行為模式。這樣也能讓你看清，你在哪幾天（例如每週三）可能需要早點開始進行高優先事項，來增加這一天的工作時數。

6. 每週留下至少一整天的時間，投入休閒娛樂、做該做的生活瑣事。

避免因為全心投入工作沒有時間休息，而產生憤恨、精力耗盡的感覺。每週都要納入休閒和玩樂的時間，休息過後，你會更有動力回去做高優先事項。如果你可以現在就享受美好的生活，工作對你而言就不是那麼大的負擔，人生也不會因為工作而停擺。留點時間給自己，也要留時間做低優先的事務，換換口味，像是修繕房屋、照顧植物、寫一封你遲遲沒寫的信。如果要回復精力，保持創造力和動力，保留這樣的一天是必要的。

7. 決定要投入休閒娛樂或參與社交活動之前，抽三十分鐘出來進行工作。

任何令你愉快或讓你經常投入的事情，都能夠為接下來要做的事創造動力。運用「吃完討厭的菜才可以吃冰淇淋」這個道理，開始做一件事情就不會讓你這麼痛苦，並且培養良好習慣。

很快，你會發現先前很困難或是不愉快的工作，變得比較容易、比較有趣了。靠著這項技巧，還能讓你動手做之前逃避的工作。這招可以①利用有趣活動對你的吸引力，讓你更頻繁投入工作；②讓你在沒有罪惡感的情況下，好好享受休閒娛樂；③在你玩樂的時候，潛意識就會開始思考關於工作計畫的事，趁著你把注意力轉移到其他地方時，運用創意解決難關，既然找到了新的解決方法，你就會更想回去工作。

8. 專注在「開始」上。

你的任務是準時動手開始。這一招的好處是，如此一來，你的待辦事項清單只需要有一條：「我下一次什麼時候可以開始？」把那些關於「完成」的念頭，全部取代為你能夠「開始做」的時間、地點和項目。

9. 計畫做小事就好。

不要把目標設定成讀完一本書、寫好幾封電郵、完成所得稅報表、連續工作四個小時。你的目標只需要是三十分鐘全神貫注、高優質的工作時間。

10. 不斷開始。

「完成」會自然而然發生。如果這項計畫只需要再三十分鐘就可以完成，那麼動手做這三十分鐘，也算是一種「開始」的行為——「開始」完成你手邊的計畫，以及「開始」進行下一項計畫。所以，拋開「完成」的念頭吧。如果你非擔憂不可，不如擔憂要怎麼開始。為了完成這件事，你該做的就是不斷開始！

11. 絕不要中途停止。

意思是，當你遇到瓶頸，或是快做完某個部分時，絕不要停下來。記住，要養成一個好習慣：每次休息或拿到獎勵之前，一定要做一些工作。要是你不面對逃避的事情，就沒有獎勵；要是你快要做完這個部分，或是已經想要放棄，就絕對不要休息（因為休息是一種獎賞）。每一次都要繼續在這個關卡多奮戰五分鐘，設法至少想出解決辦法的一部分，剩下的可以晚點再想。你的心智會用充滿創意的方式，迅速解決問題。你會發現，多花幾分鐘在難題上，通常就足以讓腦袋發揮創意，解開這個關卡。溫和督促自己跨越難關，或是在放棄之前繼續做下一部分，能夠創造正面的動力，讓你下一次更容易開始，隨之消除拖延的需求。

列印第178、179頁的空白二十四小時時間表，記錄每週的行程，也可以利用索引卡製作屬於自己的留白時間表，或是畫在自己慣用的行事曆上。請注意，我列了二十四小時，讓你安排工作和休閒時間，如此一來，你就能掌握每個小時，包括吃飯睡覺的時間。此外，你也有充分的空間，可以根據夜間輪班、早上或晚上的工作習慣來調整時間表。每天都要留下兩個空格來統計你的高品質工作時間，此外，每週都要預留一個空格，來加總一週的高品質工作時間。

第180到183頁是弗蘭的留白時間表（就是本書第二章提到的副理弗蘭）。「弗蘭的第一步」（第180到181頁）示範了弗蘭怎麼按照原則，在每週第一天填寫留白時間表。她先記下午餐、打電話、做日常瑣事的時間，這樣她對每週該完成多少事情的期待就能更務實。如此一來，她會更有動力抽出時間完成她最想做的計畫。

第182、183頁是弗蘭在一週結束時完成的留白時間表。她用螢光筆塗滿確實在工作的時間，一天結束時，她會迅速計算塗滿的區塊，加總高品質的工作時間。星期六，弗蘭一整天投入不帶罪惡感的休閒娛樂。

用不同顏色的筆來記錄不同活動，是個很不錯的做法，舉例來說，如果你的目標是抽出更多時間享受休閒，不妨用紅筆記錄玩樂活動，如此一來，你就可以迅速瀏覽過去一個月或過去一年來的留白時間表，看看自己的生活中確切有多少紅色（也就是玩樂）。用你最喜歡的顏色記錄重大計畫和目標，這樣你在登記投入工作的三十分鐘時就會很高興。每種活動都選一個顏色，上課可以是綠色、開會可以是藍色、和朋友聚會可以是黃色，這麼做能讓你迅速找出安排好的活動。

在留白時間表上用不同顏色分門別類，可以讓你迅速找出每個活動的模式。各位可能會注意到，弗蘭的留白時間表顯示她週二中午需要跟行銷部門開會，還要處理一些意料之外的人事問題，導致她週二的生產力最低。但弗蘭這次沒有像往常一樣逼自己更努力，而是分析留白時間表，發現她每週二的時間安排比較缺乏條理。她可能需要在週二多排一些時間來處理人事跟開會，藉此降低她對當天工作時數的期望，也可能需要安排更多休閒時間，讓自己有值得期待去做的事，就不會因為整天都要工作而覺得喘不過氣。

留白時間表（空白範例）

時間	週一	週二	週三	週四	週五	週六	週日
早上 6–7							
7–8							
8–9							
9–10							
11–12							
下午 12–1							
1–2							
2–3							
3–4							
4–5							
5–6							

時間	週一	週二	週三	週四	週五	週六	週日
晚上 6–7							
7–8							
8–9							
9–10							
10–11							
11–12							
凌晨 12–1							
1–2							
2–3							
3–4							
4–5							
5–6							
小計							
總計							

弗蘭的第一步

時間	週日	週一	週二	週三	週四	週五	週六
早上6–7	睡覺	←	睡覺 →				睡覺
7–8	↓	←	運動、洗澡、吃早餐 →				↓
8–9	看新聞	←	通勤 →				和珍打網球
9–10	早午餐	←	電子郵件、打電話、聯繫員工 →				早午餐
10–11		和吉姆見面			處理人事		
11–12				處理人事			購物
下午12–1	健行				跟蘇吃午餐	午餐會議	家事
1–2		午餐	午餐	午餐		打電話	
2–3		打電話	打電話	打電話			照顧植物
3–4			← 開會 →		打電話		↓
4–5							
5–6			處理人事				洗澡

時間	週日	週一	週二	週三	週四	週五	週六
晚上 6–7	晚餐	←	通勤			→	和鮑勃 見面
7–8		有氧 運動	和鮑勃 見面	有氧 運動	晚餐	有氧運動	晚餐
8–9	繳帳單	← 晚餐	↓	→	音樂會		看電影
9–10	安排本 週行程		↓	跑步社團		和艾倫、 露絲 吃晚餐	
10–11							
11–12						郵件、帳單	
凌晨 12–1	←		睡覺		→		
1–2						← 睡覺	→
2–3							
3–4							
4–5							
5–6							
小計							
總計							

弗蘭的留白時間表

時間	週日	週一	週二	週三	週四	週五	週六
早上 6–7	睡覺	←	睡覺 →			→	睡覺
7–8	↓	←	運動、洗澡、吃早餐 →			→	↓
8–9	看新聞	←	通勤 →			→	和珍打網球
9–10	早午餐	←	電子郵件、打電話、聯繫員工 →			→	早午餐
10–11	↓	和吉姆見面			處理人事		
11–12	健行	打電話	打電話 徵詢意見		徵詢意見		購物
下午 12–1			跟行銷部門開會	打電話	跟蘇吃午餐	午餐會議	家事
1–2		午餐	開會	午餐		打電話	
2–3		打電話	打電話				照顧植物
3–4		←	開會	徵詢意見	打電話	→	↓
4–5				整理檔案	徵詢意見	處理人事	看書
5–6	洗澡		處理人事				洗澡

時間	週日	週一	週二	週三	週四	週五	週六
晚上 6–7	晚餐	← 通勤 →					和鮑勃見面
7–8	看電視	有氧運動	和鮑勃見面	有氧運動	晚餐	有氧運動	晚餐
8–9	繳帳單	← 晚餐 →	↓		音樂會	和艾倫、露絲吃晚餐	看電影
9–10	安排本週行程	看電視	↓	跑步社團	↓		↓
10–11	看書	帳單			↓		↓
11–12	睡覺	看書	睡覺	睡覺	睡覺	郵件、帳單	
凌晨 12–1	↓	睡覺	↓	↓	↓	看電視	睡覺
1–2	↓	↓	↓	↓	↓	睡覺	↓
2–3	↓	↓	↓	↓	↓	↓	↓
3–4	↓	↓	↓	↓	↓	↓	↓
4–5	↓	↓	↓	↓	↓	↓	↓
5–6	↓	↓	↓	↓	↓	↓	↓
小計	0.5、0.5	0.25、0.25、1、0.75、0.75、0.5	1、1.5、0.5	0.5、1、1、1.5	0.5、1.25、0.5、1	1.5、0.5、1、0.75	一週總計
總計	1 小時	3 ½ 小時	3 小時	4 小時	3 ¼ 小時	3 ¾ 小時	18 ½ 小時

* 灰色表格代表確實投入工作的時間。

運用留白時間表大約兩三週之後，留意一下自己在哪一天工作效率最好，以及哪一天可能需要早點開始工作。舉例來說，你週一的工作表現可能最差，經常少於三小時，但你的目標是一天平均四小時。當你檢視週一在時間表上記錄的活動，可能會發現這一天花在其他事務上的時間都是必要的，導致壓縮到你能投入工作計畫的時間，所以你需要降低週一的目標。

然而，更有可能的是，你發現你在週一形成一個拖延的模式（例如被工作壓得喘不過氣，或是幻想自己有一整天的時間可以工作），所以才無法早點開始去做。過去幾週的留白時間表能讓你看清自己哪一天容易分心，拖延日誌則能讓你明白當下的情緒和自我對話。只要認清自己的行為模式，再加上一點決心，就能為下個週一做好準備，將精力集中在午餐前開始工作，只要維持十五到三十分鐘就好。這樣一來，當你享受休息時間的時候，腦袋就會冒出許多點子和充滿創意的解決辦法。

一個常見的行為模式是，在工作一段緊湊的時間之後，你的工作成效突然降低了。你可能發現，連續幾天都毫不間斷工作八小時、周末也不休息之後，接下來一整週你都浪費在拖延或生病。用這種方式來趕最後期限或許可偶一為之，但假如要進行的是長期的計畫，你需要制定馬拉松選手式的策略，而不是短跑衝刺型的策略。如果想要長期維持生產力，就需要遵守安排好的無罪惡感休閒時間，避免任何工作狂的做事習慣。

調整自己的留白時間表

使用留白時間表不到兩週，各位就能更瞭解自己的工作模式（包括強項與弱點），以及自己運用時間的方式。舉例而言，你非常可能發現，隨著自己在行事曆安排更多休閒活動，這些不受罪惡感干擾的娛樂時間，會減緩你被重大工作計畫壓得無法負荷的恐懼。你也會發現，事先安排的休息時間、午晚餐、運動，可以幫助你把工作當成易於消化的好幾個小部分，並穿插適當長度的時間讓自己喘息。

多年來，客戶、個案使用留白時間表時，常會注意到幾個現象，我在此歸納如下：

◆你八成比自己以為的更忙。

記錄非工作性質的時間，能協助你估計，如果要進行一項會改變自己職涯或人生的計畫，確切到底可以投入多少時間。既然有這麼多事情需要花時間處理，你每天都必須盡早開始工作，進行這項特殊計畫。你可能需要設定優先順序、嚴格區分緊急跟重要的事項、放棄或交派幾件事務、設法擠出更多時間以達成主要目標。

◆你在特定的幾天會比較缺乏生產力。

記錄你在哪幾天會把時間花在看電視、接待突然來辦公室造訪的客人……等事務。遇到這些日子，要特別留意會讓你分心的事情，提醒自己：不要花太多時間喝咖啡、處理信件，一早就開始工作至少三十分鐘，用正向的做事動力來開啟這一天。

◆有幾天就是特別忙，你必須降低開始進行重大工作的期望。

突發健康狀況、朋友的要求、意料之外的工作，可能就吃掉你一整天的時間。你說不定需要抵抗其他人施加的壓力，才能抽出十到三十分鐘做自己的重要計畫。要記住，你的高優先事項、事業、個人發展都是值得花時間去做的，應該投入心力。

◆就算只工作半小時，也足以維持動力，隔天就不必多花精力克服惰性。

不過，假如這招失敗，你未能順利開工，不妨策略性地退讓一步，重整旗鼓，為明天準備好需要的精力，自由地選擇把時間花在其他活動。讓自己從罪惡感中解放，會使你隔天更有決心、更有意願開始工作。

假如使用留白時間表幾週後，你變得不再記錄休閒時間，只把高品質工作時間填進去，那要特別小心。在你認真投入一件計畫時，這種記錄方式或許沒什麼問題，但這也代表往後你會缺少受到意外打擾的記錄。如此一來，你就不會知道到底是因為哪些事情，才會造成你無法更有效率、更早開始工作。

要是不記錄正當的休閒活動，你會更容易為了浪費掉的時間感到內疚，或是看到時間表上有空白卻想不起來當時在做什麼，因此變得沮喪。花點心思，掌控自己的休閒活動，加以記錄。填入確定要花費的時間（睡眠、吃飯、通勤、運動、社交），而且要確實執行。

你可以選擇在固定的時間開啟新的一天，這樣比較容易養成良好的習慣。特別排出半小時來進行最重要的計畫，安排在一天當中最早可以開始工作的時間；你可以每天早上抽出半小時來做最高優先事項，做完之後，就安排在下一次可以連續工作三十分鐘的時段做第二優先事項。

只有在你毫不間斷地做了三十分鐘工作之後，才能填入留白時間表，算進一整天的工作總時數。

利用你最頻繁、最常發生的行為（通常就是你最喜歡的活動），當成增加動力的工具，提升並加強你想要強化的正面習慣。例如，要是你放棄做某件事之後會看電視，放棄的習慣會變得更強大，因為你在放棄之後給予自己獎勵。反之，要是在看電視、吃飯、睡覺之前記帳、寫作、畫畫，就會形成正面的習慣。隨著這些成就和快樂連結起來，你會更頻繁、更輕鬆地投入這些工作。

你可以不斷尋找新方法，按照工作和休閒的特殊需求來調整留白時間表。不妨持續實驗，做出自己專屬的留白時間表：把星期六或星期三當成一週的開始，或是縮小整個空白表格，放進個人行事曆。養成不拖延習慣的真正關鍵，就是配合自己的行事作風，將這套策略和工具加以調整。

留白時間表的功能是幫助你整合本書提供的策略和工具，讓你把精力集中在提高生產力上。

使用留白時間表有以下五大好處，能夠引導你更享受不帶罪惡感的休閒娛樂，並且克服慣性拖延：

1. 務實的時間管理

先記錄必須花費的時間，例如睡眠、三餐、運動、上課、會議、洗衣服、閱讀，如此一來，就能精準掌握剩下真正能夠工作、朝目標努力的時間。這招會迅速治好你「有一整週可以工作」的幻想，也能消除「我忘記爸媽要來拜訪」這類的可怕意外。務實的時間管理，會成為你克服拖延習慣最主要的工具。

2. 三十分鐘高品質的工作時間

把目標設定為「開始」工作三十分鐘（而不是完成一件工作），比較不容易讓你覺得無法負荷。

相較於設定龐大的目標與遙遠的獎賞，如果在著手進行一項工作計畫時，一次只花短短的時間做一小步，會更容易有成就感。半小時就能夠做完一些事情，或至少整理出一點頭緒，這樣下次要開始工作就更輕鬆了。一次只做一小步，比較有可能在一天當中找機會逐步做完龐大的長期計畫、徹底享受人生，也更容易在你處理其他事務或享受應得的娛樂時，發揮創意的力量來解決難關。

3. 體驗成功

記錄確實工作的時間，能使你看清自己的進度，不會因為無法達成不切實際的目標而感到挫敗。

安排獎賞或替代活動，能夠減輕工作帶給你的剝奪感，慢慢視工作為榮耀的來源，也更能享受休閒時間。

4. 自己設定的期限

期限通常會創造一定程度的壓力，迫使人提高生產力，但若總把期限設得太晚太晚，會無法讓人達成高品質的工作。每個學生都很清楚，在期限的壓力下惡補有什麼好處：念書或寫作業必須有效率、切中要害，功課都是全神貫注完成，壓力還會使人更有創意。期限不只是限定一段時間，也暗示你何時會因為努力而獲得獎賞，何時會因為失敗而受到懲罰。不過現在，控制期限的不是老師或權威人物，而是你自己。

在留白時間表的系統中，完成半小時以上的優質工作時間，就能使你在沒有罪惡感的情況下，維持健康、保持與朋友的承諾、完成其他待辦事項。在短時間工作之後得到獎賞，會大幅增加你對工作的正向連結，也更容易回到工作計畫上——換言之，你更能建立正面的習慣。

5. 預料之外的「空檔」

事先安排休閒活動的好處之一，是假如其中一項活動取消了，你會鬆一口氣地想：「我有空檔可以工作了。」

以前，要你趁著空檔工作是很困難的事，但現在，每次你發現手頭有時間可以運用，你就會享受反向心理學的效果，充滿了動手做事的動力，這種感覺非常美好而驚奇。當你自認是個長期拖延者（一直告訴自己你很懶、很沒用），要是你發現自己真的想要運用預期之外的空檔來工作，想必是個愉快的驚喜。

第七章

進入心流的狀態工作

新研究指出，在這些……〔一個人沉浸在充滿挑戰性的工作〕的時刻，人的心理狀態是改變的：心智運轉達到最高峰，時間彷彿扭曲了，而且會感受到一種愉悅。

——丹尼爾・高曼（Daniel Goleman），《紐約時報》

學會運用創造力來工作、明白自己可以憑意志進入有創造力的狀態，能夠讓人覺得工作沒那麼枯燥無聊，也增加對於工作的興奮感。進入有創造力的心理狀態，會減少繁瑣工作帶給我們的痛苦，克服那些促使我們採取拖延行為的內心掙扎和恐懼。

每天，我們的意識都會在某些時候，自然而然進入平靜、注意力和精神集中的狀態，這時我們的專注力大幅提升，能夠專心在一項事務，過濾掉無關的外在刺激，較不容易因為分神去恐懼、擔憂，最後導致拖延行為。在這個特殊的狀態，我們對於聲音、痛苦的忍受力比平常來得高，脈搏、血壓、心跳卻會降低，新陳代謝更有效率。這是個比較健康的狀態，我們的運動能力、發揮創意的能力、解決問題的能力都會提升。

我們可以透過一些方法進入這個狀態，發揮天才或是接近天才般的才智來工作，我稱之為「進入心流的狀態工作」。這項技巧會教你迅速轉換意識的狀態，加強大腦的運作，讓你更精力充沛、充滿熱情、更有效率地投入工作。

你不再需要等待「心情對了」、等自己進入理想的狀況才能工作。運用這項技巧，你可以真正實現「做就對了」的哲理，不再讓這句話淪為克服慣性拖延的陳腔濫調。

記者約翰・波平（John Poppy）曾在雜誌上的文章，談及芝加哥大學的契克森米哈賴（Mihaly Csikszentmihalyi）所謂的「心流狀態」，以及哈佛一些關於主動專注（active attention）狀態的研究。心流狀態的特徵包括平靜、精力集中，時間感延長，對新點子感到喜悅，輕鬆避開或解決難題，專注力提升。

波平形容運動員的心流狀態是：「反映了他們的內心狀態，既高度集中，又非比尋常地冷靜。在運動領域最受人景仰的人物，有時彷彿進入了另一個時空，即使被對手逼入絕境、受到觀眾鼓譟的壓力，他們卻仍看似輕而易舉地達成困難之舉，甚至做到近乎超自然的事……在本來可能陷入混亂的狀況中，開創一片和諧。」

在運動、音樂、醫學、商管領域表現傑出的人，都曾經體驗過這樣的狀態：全心沉浸於一項充滿挑戰性的任務，似乎不費吹灰之力就能集中精神。這樣的狀態據說能改善身心健康、增加活力、維持放鬆但警醒的心態。想憑藉意志進入這種「高速運轉」的精神狀態需要一些訓練，但這是可以學習的，也能應用到家中日常瑣事和辦公室的事務。

更善用腦

如果養成進入心流狀態再工作的習慣，你會更能整合腦中的線性及創意機能。這個過程再自然不過，就像是「暫時停止懷疑」（willing suspension of disbelief）的心理狀態，這指的是短暫擱置理性心智中的批判功能，你才能好好享受一場電影或一本書，不會一直提醒自己正在看的東西全是假的。像影評人那樣必須試著一面觀看一場有趣的電影，一面卻得不斷啟動批判功能來評價燈光、演員表現、音樂、鏡頭，我一點都不羨慕。

當批判功能妨礙你發揮創造力，你心中會浮現：

「這個方向是對的嗎？」

「這樣夠好嗎？」

「要是主管／老師／觀眾不喜歡怎麼辦？」

「我做得到嗎？」

「我必須快點完成。」

「我什麼時候才學得會早點動手？」

「要做的事情太多了。」

要讓自己更有創造力、工作更迅速，必須暫時停掉腦中的邏輯功能（通常屬於左腦掌控的範疇），才能讓創意功能（通常屬於右腦掌控的範疇）開始激盪你需要的點子和靈感，稍後再由左腦加以組織，整理成專案或客戶需要的樣貌。某方面而言，批判／線性功能對於創意思考的歷程也非常重要，但如果你希望創意機能發揮出深層的潛力、發揮腦部大部分的力量，勢必要暫停邏輯機能，直到你順利進入良好的心理狀態來工作。要讓意識產生這樣的轉變，就必須暫時擱置對完美、精準、他人接受度的追求。

多數人在工作、準備考試、投入創意事務時，都只用到線性思考和生存機制（壓力）——只運用大腦皮質的左半球，以及爬蟲類腦的戰或逃反應。慣性拖延的思考模式使我們腦中充滿可能失敗、可能失去他人認可的想像，結果扼殺了創意，阻礙我們發揮腦部剛發展不久、更有潛力的功能，把創意思考過程的喜悅轉化為懊惱。要是腦部比較務實的那一面不斷企圖監督、批評、修正每一個可能的錯誤，不讓比較直覺的那一面有機會處理比較尷尬或討人厭的任務、建立起自信，那麼想要發揮創意（或是放鬆下來專注精神）簡直是不可能的。

然而，假如妥善運用，大腦皮質較具創意的右半邊就能在短短幾秒之內，激發許多靈感，足以寫完一本書或拍完一部電影。你大腦中的這個部分會使心智進入充滿創造力的狀態，讓你彷彿在全彩、環繞音效、有嗅覺效果的地方做夢，充分感受五感、體驗

3D影像，使點子源源不絕。但是，你一坐下來用文字、繪畫或石材把這場夢建構出來，你就必須一步一步來，按照過去、現在、未來的順序，在少了臨場感、環繞音效、完整演繹的情況下，把你本來不受限制的創意概念化為實體。

一個靈光乍現的點子往往需要情緒和個人經歷的醞釀，想要把這個點子化為線性的形式，是「遇到瓶頸」和拖延的主因之一。因此，瞭解如何更善用腦、如何進入心流的狀態，就非常重要了。

這只是初稿而已

創意帶來的快樂，是全世界最大的快樂。

——薩米．卡恩（Sammy Kahn），曾獲奧斯卡獎的音樂創作人在大多數領域，顯然都需要暫時停止自我批判，在開始一項計畫時也要避免線性思考，不過這個現象在建築、藝術、寫作領域特別明顯。在極度倚賴創意的職業，進行一項計畫的初期一定要避免對現有狀態過度嚴苛，拿來與理想或最終目標比較。

偉大作家和藝術家的初期草稿，就像我們在開始一項新計畫時一樣，是看似毫無章法的創意歷程。他們剛開始的成果和我們一樣，都需要持續修改、潤飾、重整，才能成為最終的樣貌。透過觀察天才如何和早期草稿搏鬥，會幫助我們更快熬過需要克服拖延習慣和瓶頸的尷尬初期階段。

舉例而言，哈佛學生入學時會被帶去圖書館的一個特別區域，參觀著名作家的草稿。有些以寫作為志的年輕人會以為天才只要湧現一個靈感，就能瞬間完成偉大著作，所以來參觀草稿的體驗會對他們產生衝擊。在這裡，新生們會明白一名成功作家開始創作時，通常會先丟出幾個圍繞同一主題的點子，許多點子後來都不會納入完稿中，但卻對發展新概念的過程至關緊要。換言之，這些作家不會把草稿當成錯誤一樣拋棄，而是視為發展點子的第一步。稍後，他們才會把點子以線性方式整理，調整成讀者能夠欣賞的順序。草稿中最後完成的部分，往往變成完稿中的序章，而草稿最初的概念則化為結局。

學習專注

每當你要開始投入一項工作，可以進行以下練習，來幫助自己開啟創意歷程，培養正面工作習慣，輕鬆地完成最終作品。給自己幾分鐘調整成充滿創造力、不帶批判的心理狀態，對於達成最佳狀態、戒除拖延習慣是必要的。

不管你有什麼感受，兩分鐘之內，你會變得全神貫注、好奇、充滿動力和創造力，最重要的是，你會開始動手，邁向完成計畫之路。

專注練習是一個為時兩分鐘的程序，可以讓人迅速轉換到心流狀態，把罪惡感和壓力取代為毫無壓力、專注當下的心態。專注練習帶來的放鬆感和心像會創造正面的神經連結，取代負面習慣的模式，藉此提升你的工作表現、克服拖延行為。儘管兩分鐘對於要跨出「充滿活力、神奇的一步」可能看似太短，但根據我和上千名客戶與個案合作的經驗，只要學習一些冥想和放鬆技巧，真的只要短短兩分鐘就能進入這個狀態了。

理查・孫博士（Dr. Richard M. Suinn）在《七步驟達成頂尖表現》（*Seven Steps to Peak Performance*）中寫道，運用心像來加強成功表現的奧運選手會因為深層放鬆，提升神經肌肉的訓練。如果你初次接觸放鬆技巧，建議第一次先做時間較長、更深度放鬆的練習（例如210頁的技巧），這樣能夠從這兩分鐘的專注練習中獲得更多好處。無論你是剛入門或是老手，定時做二十分鐘的練習（比如說可以每週練一次），能夠透過深度、長時間的放鬆，讓你產生正面的感受、保持正向心態。

每天做專注練習，不到兩週，你就能達到一定程度的放鬆，並且在兩分鐘內取得通常要練習二十到三十分鐘的好處。

這個專注練習是刻意設定成很短的時間，這樣才能配合忙碌緊湊的行程，在一天之中隨時進行，而不需要特別抽出一段時間。你可以在準備聯繫難纏客戶之前做，在會議、報告之間的空檔做，在令人沮喪的談話之後透過練習來靜下心，或是在通勤前後做。

不妨錄下這個練習，需要時播放，直到你熟記於心。慢慢地，你一坐在桌前，就會自動開始做這項練習。每次開始工作時都要練習，讓這個技巧迅速帶領你克服壓力、對於失敗的擔憂，進入心流的狀態。這項專注練習也恰恰示範了生產者自我安撫、專注當下的自我對話。

專注練習

首先，坐在椅子上，腳掌平貼地板，雙手放在大腿上。把注意力集中在呼吸，如果你先前處於壓力大的狀態，可能會發現呼吸很短促。深吸一口氣，暫時屏住，接著緩緩吐出，全部吐出來。重複三次，默數每一次吐氣。每次吐氣時，想像自己放下所有緊繃感，飄向更深層的內心。

現在，把注意力放在椅子接觸背部、臀部、腿部的地方，慢慢把全身靠在椅子上，放鬆任何不必要的緊繃，讓椅子支撐你。你可以讓那些肌肉都放鬆了。把注意力集中到放在地板上的腳，放鬆那些肌肉。隨著你放鬆，繼續吐氣，吐出任何殘留的緊繃感。放下那些緊繃，允許身體放鬆，輕鬆地支撐著你。

接下來幾分鐘，你的意識什麼也不用做，只要保持好奇，任由潛意識帶領你邁向越來越深層的放鬆感。

現在，注意你的眼皮開始變得沉重，隨著眼皮越來越重，順其自然地輕輕閉上眼睛。你也可以嘗試讓眼睛保持張開，你會發現張著眼睛要花許多力氣，自然閉上眼要輕鬆自在多了。隨著眼睛閉上，讓放鬆的感受蔓延全身。

放下過去

在接下來三次緩慢的深呼吸，告訴自己放下任何關於過去工作的想法和影像。放下你剛才所做的事，像是在車陣中開車、打電話、打掃屋子。放下你不斷告訴自己的話，例如你應該或不該做的事。甚至可以放下你過去的自我形象，放下過往對自己的認知、這些認知對於你潛力的限制。吸氣，屏住，完全吐出，讓你的身心拋開過去的束縛。

放下未來

在接下來三次緩慢的深呼吸，放下你對於「未來」可能發生什麼事的預期——未來是一個發明的概念，其實未來並不存在。放下所有關於未來工作和期限的想法跟影像，釋放那些能量，專注在當下。吸氣，屏住，完全吐出，讓自己的身心拋開未來的束縛。

專注當下

在接下來三次緩慢的深呼吸，留意看看（只要留意就好）單純身處於當下其實不需要花費太多能量。不要再試著專注於任何時間點，不要再嘗試改變自己，讓自己留意身處當下的感受。選擇留在當下的狀況，讓身體和深層心靈的智慧提供最適當的能量，引導你進入最恰當的放鬆程度，身處當下，做你現在選擇做的事。吸氣，屏住，完全吐出，慢慢飄進這個當下。

這時候，你會發現自己進入更深層的放鬆狀態，能夠給予自己任何希望的正面暗示。在接下來三次緩慢的深呼吸，可以開始連結左右腦的力量，在有意識的情況下進入心流狀態。

以上是第一部分的十二次呼吸，用大約一分鐘完成，接著可以從以下三種結束方式選擇其中一種，讓自己專注處理特定議題。

1. 激勵自己動手開始

如果想克服拖延，讓自己對於某件事產生動手做的興趣，那麼從一數到三，對自己說：

隨著每一次呼吸，我會更警醒、更好奇、更有興趣，在接下來幾秒，我會突破不自在和擔憂，有目標地全心投入這項事務——①。隨著我發揮內在潛藏的智慧，找出許多替代的解決方案，我會變得越來越警醒、準備好開始——②。我變得完全警醒，憑藉整個腦和所有創意機能的幫助，發揮天才的水平，充滿熱忱，準備好開始——③。

2. 克服障礙

在你遇到瓶頸、對於線性思考的侷限充滿挫折感的時候，這個範例會非常有用。這段話能讓你比較自在，更能應對初期的混亂和缺乏自信。你能借助這段話的力量，迅速突破嚴苛的自我批判，給予正面的自我暗示，告訴自己能夠完成工作、充滿興趣、用創意解決問題。

隨著每一次呼吸，我會更能發揮潛藏的創造力，開啟越來越多腦部功能，應用在這件事物上。我的意識可能還不知道該怎麼做，就像乍看到一個謎題的時候不知道怎麼解決一樣；我可能不知道我接下來要怎麼做，但我很快就會有一些靈感，並且越來越有想法。這整個過程會讓我覺得很有趣，因為雖然我還不知道解決方法會是什麼，但我知道自己會做到，而且有一部分的我已經知道該怎麼做了。當心靈達到這個狀態，時間感會變得跟平常不同，要是瞭解自己在這麼短的時間內可以完成多少事情，也是很有趣的體驗。

從一數到三，我會變得更沉著、警醒，準備好在精神集中、全神貫注的狀態下工作，從「不知道怎麼做」的狀態迅速進入「知道該怎麼開始」的狀態——①。更警醒、放鬆、有活力，準備好運用潛意識的傑出智慧——②。準備好徹底清醒，張開眼睛，充滿期待地運用創意機能來工作——③。

3. 培養良好的人際關係

如果你是因為害怕正面挑戰主管、下屬或所愛的人，下一段練習會幫助你擺脫負面的人際互動模式。運用這段話來建立安全感和自我保護，避免認定所有的事都是針對你而來，接著給自己一點時間考慮你希望達成的結果，以及能幫助你達成目標的替代方案。最後，想像一個正面的結果——想像你和對方不會因此成為敵人，而是成為彼此更寶貴的盟友。

我創造一陣金黃色的溫暖光芒包圍著我，這股氣息會保護我不受任何言語、他人的態度影響，保護我不受自己的負面想法所傷害。我有非常充裕的時間，可以考慮每種想法和回應，也可以把那些想法跟回應都擱置一旁，把注意力集中在正面的態度和我選擇的目標。我的想法和行為會告訴對方，我是他們的盟友，而不是敵人或問題。其他人只會幫助我。在我自己的世界，我變得越來越強壯，我可以運用潛藏的力量來應對每一個挑戰、每一個機會，同時對他人保持友善、大方。

從一數到三，我就會回到平常的清醒狀態，身上圍繞著安全、能夠支持我、溫暖的金色光芒——①。我變得越來越沉著、平靜、警醒——②。我準備好張開眼睛，全心投入安全、支持著我的氛圍中——③。

放鬆練習

你可以每天做這個練習，學著運用語言來調整身體狀態，使自己放鬆、心靈平靜。這個練習要花十五到二十分鐘，很適合在一到兩分鐘的專注練習之前進行，替自己做好準備。

這個練習的目的是讓你的雙手溫暖起來，也就是說，你能夠使手掌和十指的血管、微血管擴張。你沒辦法像命令雙手張開一樣，憑意志來控制血管擴張；只能放下對中樞神經系統的控制，允許自主神經系統加以配合。

這是屬於你的練習，在整個過程中，你都處於掌控的地位。如果你想要張開眼睛或改變姿勢，大可隨心意照做。達成放鬆狀態的方法沒有對錯，只有「屬於你」的方式，無論是進行的速度、要進行到什麼程度，都由你自己決定怎麼做最適合你。

首先，坐在椅子上，腳掌平貼地面，雙手放在腿上。雙眼輕輕閉上，把注意力轉向內在、轉向呼吸。現在，深吸一口氣，暫時屏住，接著慢慢全部吐出，如此重複三次，讓吐氣成為你放下所有殘留緊繃感的訊號。現在，注意力轉向椅子，讓椅子支撐重量，全身靠在椅子上，不需要再緊繃住，放鬆那些肌肉。現在，注意地板支撐著你的腳和腿，放鬆那些部位的肌肉，不需要緊繃住，只要放鬆就好，讓身體給予你放鬆、妥善受到支撐的感受。現在，你唯一要做的事，就是允許自己的意識保持好奇，任由身體和潛意識協調合作，使你進入越來越深層的放鬆感。

我會用第一人稱來默念所有的句子，你也可以用第一人稱默念，例如：「我坐著不動。」在你默念每一段的時候，你只要想像、在心中描繪、感受正在發生的變化，然後放手讓它發生，任由你的身體執行你給予的指令。這叫做「被動意志」（passive volition），透過想像、視覺化，接著感受你在每個階段給予的指示，你等於是用身體可以理解的語言來表達你的意願，學著用被動的方式給予方向，而不是強迫改變發生，也不需要嘗試讓任何事發生。

你只需要借助身體天生就會聽從你導引的傾向，靜靜地任由改變產生。現在，你可以採取自己覺得舒服自在的姿勢，做好繼續進行的準備，持續緩慢地深呼吸，默默對自己說：

我覺得很平靜，我開始覺得滿放鬆的——我的雙腳感覺很平靜、很放鬆。我的腳踝、膝蓋、臀部都感覺很輕鬆、平靜、舒服。我的胃和整個軀幹也都很輕鬆、平靜、舒服。

我的全身感覺很平和、平靜、自在。我覺得很放鬆。我的手臂和手掌很平靜、溫暖。我覺得很平靜。我的全身都很平和，雙手很溫暖，放鬆又溫暖。我的雙手感覺很溫暖。我的雙手很溫暖。我的雙手慢慢變得更溫暖。我可以繼續緩慢地深呼吸。

我的全身都很平靜、自在、祥和。我的內心很安靜。我把注意力從外在環境收回，感覺很平和、鎮定。我的思緒逐漸轉向內在。我覺得很輕鬆自在。在我心中，我想像自己很平靜、舒適、安靜，也確實體驗到這些感受。在輕鬆、安靜、聚焦於內在的狀況下，我既平靜又警醒。我的心靈很平靜、安靜，我感受到內在的安靜。

我會繼續重複這些念頭，維持兩分鐘，接著輕輕睜開眼睛，感覺很好、很放鬆、既平靜又警醒。等我下一次開口講話的時候，就過兩分鐘了，在通常感覺很短的兩分鐘內，我可以達到深層的放鬆，注意這個變化會很有趣。

（等待兩分鐘過去。）

這段時間，感覺只有兩分鐘嗎？你是不是覺得彷彿睡了場舒服的午覺？想不想伸展身體，看看你的雙手是不是真的更溫暖、更放鬆了？

現在，緩緩深呼吸三次，隨著每一次呼吸，你都會變得更平靜、更警醒，警醒程度適中，準備好採取非常放鬆和專注的態度，開始工作或任務。

把心流狀態應用在計畫中

處於心流的狀態，也叫做進入「化境」（zone），能夠消除拖延的需求，加快你邁向目標的進度。心流狀態就像一道神奇的橋樑，藉著學習快速把腦部的生存功能切換到創意功能，讓你從焦慮邁向平靜和充滿安全感的狀態。現在的你，已經知道該怎麼運用自我對話，傳達安全的訊息，給予正確的方向，讓自己產生適中的精力來工作；你也知道如何向自己發出清楚、有決心的宣言，例如：「下午三點，我就會坐在書桌前，帶著強烈的好奇心和興趣，完成高品質的三十分鐘工作。」「我選擇八點開始工作，多發一封信。」「到了十點，我會拿出一個文件，至少持續做個十五分鐘。」「早上十一點半的時候，我會動手做一小部分的預算，而且非常期待午餐時光的來臨。」

這些宣言結合了有效率工作的三大元素（時間、地點、你會動手做的事務），而且暗示你有選擇、你很安全、你可以開始。

這個過程的最後一步，也就是第四步，是這一章稍早提到的技巧：「專注」，能夠讓你發揮在心流狀態工作的力量。

雅各是一個盡心盡力的丈夫和父親，但有工作狂的傾向，經常擔心無法賺到足夠的錢維持家人的生活。他在四十歲轉換跑道開創新事業，脫離舒適圈，不再靠自己的雙手工作，而是要監督、管理下屬並連繫客戶。將近十五年來，他都是一個木工，現在卻轉成承包商，這時他開始面對會造成拖延行為的幾個主因——覺得喘不過氣、害怕失敗、害怕成功。

對雅各而言，吸引更多客戶並不是什麼問題，他追求最傑出的表現，所以他的工作成果自然而然會吸引買家。但是，雅各卻在做完工作這方面遇到了障礙。他的完美主義為他帶來了作品出色的口碑，可是客戶給他的期限，通常不容許他把事情做到完美。雅各被自己的成功壓得喘不過氣，沒辦法決定要接受哪個訂單、要推掉哪些事情、又要立刻開始做哪個案子。面對這個新困境和被壓得無法喘息的感受，雅各開始迴避接電話、延後去滿足客戶跟員工的要求。

除了造成雅各猶豫不決和拖延的問題，他還得面對以下這幾件事：①擔心會高估自身能力結果過度勞累的憂慮；②安撫客戶的不滿；③處理來電；④工作現場遇到的困難；⑤材料成本增加；⑥能不能準時完工的擔憂；⑦現金流問題；⑧處理合約和文件。

雅各的成長背景沒有機會讓他學習如何面對成功。他在五個兄弟姊妹之中排行老大，看著父母辛勤工作一輩子，卻從來沒擺脫債務和經濟困境，他父親在退休前一年死於中風。父母用生命換取的教訓，雅各都看在眼裡，所以儘管他的生活比父母來得安穩許多，但他仍無法控制對於財務穩定與否的焦慮，還會擔心自己的健康。現在，他創業當老闆，根本沒時間生病，而且他有高血壓和家族病史，沒辦法承受過多壓力。

雅各來找我的時候，他最需要的就是３Ｄ思考和不帶罪惡感的休閒娛樂。他對我說：「我根本沒辦法把每件事都做完。」不過，我接下來的回答讓雅各有一些驚訝：「沒關係，你的確沒辦法做完，沒人有辦法一口氣做到所有的事。你只能一次做一件工作，一次走一小步，這就是你能夠做到的事。這個下午，你該做哪一件事比較好？你打算在這個下午的什麼時間開始做？……又要做哪一個小部分？……而且要做多久？」

讓雅各集中注意力、控制被壓得喘不過氣的感受之後，我們需要讓他在忙碌的一週之中安排時間，堅定地投入毫無壓力、毫無罪惡感的休閒娛樂，回復精力。雅各很快就瞭解這套策略的重要性，也掌握應用這些技巧的訣竅。留白時間表會確保他有時間陪伴家人、從對工作的擔憂中脫身，藉此幫助他預防精力被燃燒殆盡，也避免產生抗拒心理；擔憂的力量讓他為潛在的問題做好準備，並從長期困擾他的「要是出事怎麼辦」幻想中解脫；強調選擇、創造安全感的自我對話，把他的思緒引導到他選擇做的事情上，令他擺脫因為威脅和自我批判產生的焦慮。

雅各學會了處理做重大決策時的焦慮，也戒掉工作一出問題就逃避的習慣，方法是透過不斷問自己問題，把注意力引導到他能夠做的事情上：「我什麼時候可以開始？我選擇在哪裡工作？我要開始做工作的哪個部分？」

這些技巧對於調整雅各的心理狀態很有幫助，但他必須在面臨不可估量的壓力和風險時也保持冷靜。他必須在心流狀態下工作，這樣一來，他的身心會比較冷靜，讓他更容易應用剛學到的新技巧。雅各學會專注練習之後，這一整套策略對他來說彷彿信手拈來，再也不只是一些抽象的概念跟學習自律。

「我運用專注練習，開始在心流狀態下工作，一邊觀察自己、感受這個變化。不到兩分鐘，我就會進入一個特殊的層次，拋開壓力投入工作，視野變得更宏觀，更善用我的腦，瞭解我有充分的安全感、能力和專注力多跨一小步。」

專注練習讓雅各可以定時停下來休息兩分鐘，再回頭投入工作、評估他遇到的挑戰，先把恐懼擱在一旁，提醒自己他不必一口氣做完所有的事，並且考量替代方案。專注練習把雅各的思緒導向他確實能夠做到、有生產力的行動，如此一來，他就能在一整天之中找出時間完成高品質的工作。雅各把讓自己冷靜的兩分鐘練習與高品質工作時間連結起來，藉此控制焦慮、迅速處理不愉快的事務、在心流狀態自在地連續工作好幾個小時。他的時間觀念變了，能夠保持冷靜、集中精力，解決方式更有創意，專注力也提升了。

在心流狀態工作，能和本書提供的其他技巧相輔相成，並且消除大部分（甚至是全部）先前令人不斷拖延的負面習慣，用正面的工作態度和習慣加以取代，把工作轉變成令人興奮、專注、用創造力達成成就的機會。

第八章
微調自己的進展

完成偉大的作品，不是靠力量，而是毅力。

——塞繆爾・詹森（Samuel Johnson）

本章將提供一系列強而有力的技巧，希望能夠幫助各位讀者克服往後退步，跨越阻礙大家從拖延者進步為生產者的難關。

任何改變習慣的計畫，如果要長期維持下去，就必須根據每個人的需求加以微調、改善，讓人做好準備，應對反彈，同時利用一些工具，以便迅速把反彈化為更加往前進步的機會。

每個人在過程中都可能會遇到一些比較艱困的時期，這時會比平常更容易回到以往拖延的熟悉懷抱。

在這些時候，我們得切記，不要自我批判，並堅持運用新的技巧，善加引導負面的衝動，反過來強化良好的新習慣。

計畫好的反彈

想要徹底改變，從舊有的行為模式轉換到更有生產力的新行為，可以在先前很困難或拖延誘惑強烈的情況中先小試身手。舉例而言，你可能負責一項大規模的專案，一直令你喘不過氣。突然之間，你發現自己採取好幾種過去的逃避行為，比如做更多功課、花更多時間打電話、找出十件需要立刻處理的事務。明白自己退回過去的行為模式會對你很有幫助，不過要是想善用這些精力，轉而用來建立更有生產力的新習慣，就需要能夠迅速實施的策略和技巧。

要學習一種新行為，不一定非得消除從前的行為或是舊有的自我形象不可。其實，你可以善用熟悉的行為模式，提醒自己你有機會練習做出你現在可以有的抉擇，因為現在的你已經知道自己能採取其他行為模式了。如果想強化你從舊模式切換到新模式的能力，變得準備更充分、更有信心，你說不定會想要計畫一次受到控制的反彈。

你可以用計畫好的反彈，反覆練習自己的反應。仔細觀察自己，記下每個讓你想用拖延來逃避工作的想法和焦慮，然後放手去做你偏好的拖延方法，差別在於現在的你非常清楚，你有工具可以控制對工作的恐懼、加強開始工作的成就感。舉例來說，面臨龐大計畫的時候，你能選擇做更多無關緊要的事務加以拖延，也可以有意識地選擇延後做重大決定，放任自己為了追求完美、絕不出錯的選擇而不知所措。

想要用計畫好的反彈來測試自己，你可以：

- **選擇一項你很可能拖延的事務**（比如付帳單、回信、修繕房屋、開始做所得稅報表）。
- **注意和這件事有關的拖延警訊**（例如，因為付帳單或做所得稅報表所需的步驟太多而不知所措；感覺生活變成一長串「必須去做」的清單；覺得受到剝奪、孤立，沒辦法享受娛樂、和朋友相處，全因為自己必須工作）。
- 有意識地選擇拖延幾個小時，**觀察那些造成內疚和自我批判的自我對話**：「我不知道我是怎麼了，為什麼我什麼事都做不完？難道我要因為拖延而浪費整個人生嗎？要是我連繳帳單跟回信都做不到，那我一定是真的完蛋了。」
- 留意這個自我批判的過程如何導致罪惡感、憂鬱、憤恨，卻又阻礙你去繳薄薄一張帳單、打電話給家人、為所得稅報表找一份文件。

計畫好的反彈，能讓你搞清楚自己什麼時候最有可能拖延。現在，你知道舊有的習慣會造成什麼狀況了。你瞭解過去的行為會導致罪惡感、沮喪、不滿，這件事實能夠激勵你運用新學到的技巧：不受罪惡感干擾的休閒娛樂、留白時間表、在心流狀態下工作。

把計畫好的反彈當成重新觀察自己的機會，隔著一段距離注意自己的思緒，每當你發現一個降低生產力的思維和行為模式，就能強化一次改正習慣的新技巧。

- 注意像生產者那種挑戰負面態度的自我對話（「我不是非做不可，我可以選擇現在開始做，也可以接受選擇延遲的後果」），讓你產生充滿力量的感受（運用選擇和自我肯定來對抗壓力），幫助你專注在易於執行、能夠做到的事。
- 運用留白時間表，確實實施這些策略：讓自己更務實地掌握這一週能達成的優質工作時間、確保自己有不受罪惡感干擾的玩樂時間、犒賞自己完成一段時間的高品質工作、一套逐步邁向目標的系統。
- 運用專注練習，幫助自己迅速、有效地從喘不過氣的狀態切換到專注狀態，發揮更深層、更有創意的潛力；花時間用正面的暗示和想像來自我提醒；保持動力、興趣和能夠選擇的心態，專注於當下。

韌性和堅強

我希望可以確保一件事：當你踏上成為生產者之路，不會因為突如其來的難題而灰心喪氣。「計畫好的反彈」能讓你**培養韌性**（從失敗中爬起來的能力）和**堅強**（忍受挫折、避開陷阱的能力），讓你撐過一項計畫的開頭、過程和結果。

韌性

自認很失敗的人，通常只失敗一次，就停在原地不動。「失敗」的人會想要在開啟一項計畫之前，先確保一切都會完美進行，沒有任何問題；成功的人則願意承擔合理的風險，明白世界上沒有人能保證一切順遂，唯獨莫非定律是絕對的：「要是某件事可能出錯，就一定會出錯。」成功的人會失敗很多次，但每次都爬起來，拒絕讓任何一次失敗決定他的自我價值。雖然成功的人在生命中會遇到困難和失敗，但他們學會更有韌性，繼續走自己的路。他們儘管像在走鋼索一樣，卻會在鋼索之下準備好幾個網子，讓自己明白：「犯錯不會是世界末日，因為我不會讓它成為世界末日。我會爬起來，不管我覺得多尷尬還是多受傷，都再試一次。」

每一次嘗試新事物，下定決心採取一系列作為，你都可以預期會有一定的反彈。但是，反彈的可能性並不是拖延的藉口。反彈不是要讓你又有理由擔心失敗，也絕對不代表你作為一個人的價值。人生中的每一條道路、每一個角色、每一項工作，都一定會有困難，沒有任何一條路是完美的。就算你在自己的道路上該做的工作、遇到的困難都比你預期的多，也不代表你做了錯誤的選擇或是犯了錯！

切記不要因為在進行計畫的途中遇到反彈或障礙就自我批判。正如管理顧問麥克・德斯特（Michael Durst）所言：「你不需要為發生在你身上的事負責，但你要為你做了什麼事來糾正它負責。」這句強而有力的話，蘊含一項非常重要但許多人疏忽的訊息：**不管一開始造成問題的原因是什麼，放下對它的煩惱，把精力導向最能發揮益處的地方——也就是想出解決辦法。**

迅速糾正錯誤的能力，也包含了為解決辦法負責的能力，但首先你要放下那些「為什麼」的抱怨，譬如：「為什麼我遇到這種事？為什麼苦差事永遠落到我頭上？為什麼我學不會把事情做好？為什麼我一定要忍受這麼多混帳？」這種問題只是另一種形式的「應該」或「不應該」，只會阻礙你認清這個處境的現實（不管當下的處境多令人不愉快）、加以導正、降低困難、避免在未來重蹈覆轍。

嘉菲德博士在《頂尖表現》這本書中寫道，阿波羅登月火箭有百分之九十的時候都偏離預定的飛行軌道。由於科學家知道火箭偏離了預期軌道，才能反覆做出必要的修正，嘗試一條不夠完美但尚可接受的軌道，使火箭飛往月球。儘管面臨無數次反彈，科學家還是堅持完成任務，才達成了不起的成就。

勝利者和旗鼓相當的對手之間，最大的差別在於能夠從不如預期的表現中恢復水準。成為勝利者（也就是持續努力的生產者），需要原諒自己犯下的錯誤或一連好幾場落敗，同時保持必要的自我價值感和安全感，才能解決問題、繼續追求目標。

適應負面回饋、堅持進行目標，對追求長期表現的人來說是非常必要的能力。舉例而言，李・艾科卡（Lee Iacocca）曾被小亨利・福特（Henry Ford II）給炒魷魚，如果艾科卡不具備強大的心靈，一定會受到極大的打擊，甚至選擇退休。然而，艾科卡拒絕消沉下去，反而拋下自責，選擇承擔克萊斯勒汽車龐大的財務困難及管理問題；他拒絕擔心可能的失敗和批判，選擇承擔風險、解決問題。艾科卡的強悍並不是與生俱來，而是透過不斷嘗試與犯錯，反覆從錯誤中爬起來，堅持再試一次。

莎拉是任職於一間遺傳工程公司的化學家，花費許多心力克服原有的拖延行為模式，發展出放鬆、充滿創意的工作風格，在這個新工作上表現不錯。她對這個工作大致非常滿意，可是她沒料到會面臨經理的政治手段、性別歧視和偏心，因此她開始覺得自己的工作表現不受肯定，似乎被迫跨越一些障礙才能證明自己。

當主管突如其來地苛刻批判莎拉的工作表現，她適應新工作和控制拖延行為模式的進展全都被打亂了。主管在錯誤的時機說出不恰當的話，導致莎拉重燃舊有的恐懼和憤恨：「我夠不夠好？我有辦法順利做好這份工作嗎？反正怎麼做都不會讓他高興，又何必努力？」一切條件都齊備了，很可能重啟她熟悉的惡性循環：怨恨、抗拒、恐懼、完美主義，最終造成拖延。

莎拉認定她會繼續受到批判和不公平的待遇，於是停止全力以赴，不再盡情將能力和創意投注於工作計畫中，導致進度變慢，另一方面又預期會面臨更多批判跟不公待遇。她回到了舊有的行為模式，不過這次她認出潛在的因素，迅速反過來加以運用。這一次，她覺得更能掌控自己的反應，她知道自己擁有幾種技巧，以前在比較輕微的狀況中都非常有用。

她恍然明白，原來她一直在責備自己：為什麼沒料到新工作的缺點，還認定這是「夢幻工作」。她必須原諒自己沒辦法預知這份工作的缺點。莎拉沒有為了選錯工作而消沉絕望，反而把這份工作的困難視為反彈，代表她需要調整自己的期望，才能更妥善地應對現實中的處境。

莎拉衡量過利弊以後，決定再給這份工作六個月的時間，她會在這段期間盡力做到最好。於是，她重新投入工作，為自己的專案負起全責，也決定不要拖著不和主管當面談。她告訴主管：「我在充滿期待的情況下接受這份工作，當時我覺得我能為這間公司做出很多貢獻。但是，在我來到公司的這一小段時間，卻沒有機會展現我真正能夠做到的事。我希望你可以給我足夠的時間和權力做好我的工作，做出來的成果自有公評。在六個月之內，如果我們還是無法達成共識，我就會自行離開。」

主管相當讚賞，但也許最重要的是，莎拉克服了她日漸累積的憤恨和拖延慣性。她沒有因為一次反彈就恢復舊有的行為模式，而是應用新的策略和技巧，掌控眼前的狀況，拒絕成為受害者。莎拉正面迎擊了主管的不公平待遇和自己的拖延習慣，把反彈當成一個機會，讓自己更強韌，即便路上多了新的阻礙，也再度爬了起來。

堅強

在紐約大學任教的蘇珊・柯巴薩曾提出「堅強性格」的概念，用來描述三種人格特質：決心、控制、挑戰。相較於缺乏這三種特質的人，擁有這三種特質的高階主管，更能忍受壓力、抵抗病痛。

擁有堅強性格的人不會對工作感到疏離、對事件感到無力、因改變感到威脅，而是往往「容易決心投入他們要做的事」、「相信自己至少可以控制事件的一部分」，並且「認為改變是發展的過程中，再正常不過的挑戰……」堅強的高階主管通常擁有大致的人生規畫、有彈性的目標，能夠把充滿壓力的事件轉變為機會，降低任何壓力事件造成的混亂。

如果想讓自己處理工作計畫的方式更加堅強，可以在參與休閒活動的時候（例如運動），練習充滿決心、控制、挑戰的態度。就像蘿拉一樣，她跑馬拉松的經驗幫助她找到完成研究的方法，你也可以把運動當成一個安全的實驗場，試著培養性格堅強的習慣。

譬如，不妨練習走路（或跑步），距離任你決定，像是三公里或四十五分鐘。完成目標之後，再多走個四百公尺。慢慢地走，不要產生「達成目標有多難」的自我對話。想想看，你達成最初的目標時，感覺有多輕鬆，這次的目標感覺就沒有那麼困難了。為什麼？因為你已經達成目標了。你不是一定要再爬四百公尺的坡，是你選擇這麼做的，此刻你選擇把注意力專注在自己的精力上，而不是內心那些「我到底能不能做到」的自我對話。

注意看看，你沒有試著欺騙自己要爬坡的現實，你只不過是控制了自己的態度和自我對話的方式，光是這兩點就改變了你對現實的體驗。你要留意，當你滿腦子都是該完成目標、必須費盡千辛萬苦爬上坡之類的想法時，最後這四百公尺會變得多困難。留心每個負面思考，像是「我做不到」或「這太痛苦了」，練習不要受這些思緒所困，把注意力放在自己如何爬完坡上面。

這個練習能讓你學到：全心專注於目標是很累人的，維持一個沒有彈性的目標會讓目標更難以達成，而你的力氣會受到自我對話的方式影響。其實，你可以走得比你以為的更遠。

每當你對於某件工作或計畫的念頭快要令你無法負荷或令你喪氣（「我做不到，我不知道該怎麼完成這個任務」），就回想你爬坡時是如何應對相同的感受。當時，你真的不知道你能不能做到，卻堅持下來了，把精神集中在你能跨出的每一小步，注意到你的認知和感受都發生改變，最後確實完成了爬坡的目標。不管你需要面對的是山坡抑或年度預算，你在特定領域堅持完成的方式，能夠替自己增加信心，讓你在接下來的人生中都能善用堅強性格。

我在和馬拉松選手討論達成目標和專注技巧時，發現長跑選手的訓練中，有很重要的一部分是**拋開目標、留在過程中**——保持這樣的態度，持續超過兩小時。在一場四十二公里的馬拉松賽跑中，跑手的腦中會多次浮現：「我做不到。」但他們已經習慣這種令人分心的思緒，也準備好善用這些念頭來提醒自己，專注在他們當下做得到的事就好。他們會準備好正面的自我對話，例如：「我可以再跑一步，就算要放慢速度、拖著腳步走接下來的幾段路，我也要完賽，我能不能贏到時候再說。」

一名奧運長跑選手告訴我：「要是我花太多心思去想要跑到終點，不管我當時是領先還是落後，我的速度都會變慢。我必須訓練自己，把注意力從終點轉向接下來這一步，讓自己留在賽道上。」

在另外一個差異甚大的領域，企業家納桑尼爾曾說：

假如我太擔心要維持收入、繳帳單，我就會遲遲做不出重要決策，過度謹慎地採取行動，想要遵循一套安全的公式走，可是這樣一來我就無法發揮創意，突破框架。我發現，花幾分鐘做專注練習能幫助我意識到恐懼，平常這些恐懼都會主導我的感受。現在我會明白，我太擔心犯錯或是太熱切想要達成特定目標，這時候，我反而能夠務實地衡量風險，選擇要承擔還是放棄。現在，掌控一切的是我，而不是我的恐懼，我是有選擇的。

專心：控制干擾

在反彈期間，想要克服拖延行為，可能會因為你無法專心而變得很難下手。如果要微調你的工作習慣，讓自己準備好有效應對反彈，那麼瞭解、控制那些干擾你的想法就非常重要。

干擾你的想法有可能充滿創意、很實用，有可能釋放了壓抑的情緒，也有可能是跟當下完全沒有關聯的。我們的心智時時刻刻都在處理資訊和感受，促進我們的自我保護、成長和智識；然而，有些時候，流過內心的思緒和影像並不實用，反倒會擾亂我們。如果可以事先加以預期，發展出一套阻擋這些想法的方法，我們就更容易善用這些干擾的念頭。

客戶常給我一種典型的說法：「我的問題就在於沒辦法專心，每次我想工作，就會被其他東西分心。」我往往回答：「你沒辦法專心的時候，那些干擾你的想法都集中在什麼事情上？」事實上，人是沒有辦法「不專心」的。所以，問題不在於你「沒辦法專心」，而在於你的注意力被拉到其他事情上了，因為你寧可不要專注在本來該做的事或是擔憂的事情上，譬如主管可能批評你、你有多麼想要完成一件工作。

某幾種類型的干擾需要立刻處理，像是強烈的情緒，不過大多數干擾都可以先擱在一邊，等你完成一部分高品質工作再說。如果你極度難以專心，可以拿出一張紙，迅速寫下所有干擾；等你完成一些工作，無論你三十分鐘前對這些干擾的事物有多麼渴望，現在這份渴望都會消退一些。在你回頭審視干擾想法和渴望的清單之後，你通常會發現，自己一動手進行工作，本來想吃洋芋片或打電話給朋友的欲望就消失了。因為你成功投入工作，產生了滿足感，這時你可以在沒有罪惡感、完全受你掌控的情況下，善用先前記下來的干擾清單，好好犒賞自己。

列出干擾你的想法，除了幫助你迅速把注意力轉回手上的任務，也能幫助你認清，有些干擾說穿了就是你為了逃避自己不想做的事情，而想出來的創意方式。如果遇到較嚴重的干擾，最好安排一個特定的時間，好好處理。在這段安排好的時間，你可以給予這些干擾適當的關注，解決那些長期以來未能處理的問題。只要繼續安排時間，花心思解決這類問題，你的內心就會明白你確實在處理問題，因此減少干擾想法冒出來的頻率。

瑪莎・麥斯威爾博士（Dr. Martha Maxwell）在《改善學生學習技巧》（*Improving Student Learning Skills*）一書中提出，干擾至少有五種類型：

1. 強烈的情緒

這種干擾需要你立刻處理。你可能利用工作，嘗試轉移自己的注意力，以免面對因親朋好友而生的強烈情緒、必須和難搞的人當面談開，或是醫療跟財務狀況。與其努力專注在工作上，拖延著不處理這些情緒，不如給自己一些時間（有時只要十分鐘就好），好好想一下你可以怎麼做來應對或改變這些狀況，並且寫下來，也想想看你可以尋求哪些支持、什麼時候可以聯繫好友。當你正面面對了情緒、發展出因應計畫，你會發現自己更容易專心於工作。

2. 危機的警訊

無論威脅是真正的還是想像出來的，都會刺激腎上腺素的反應，結果打斷你專注的能力。要避免這種干擾導致的焦躁不安，就試著挑戰所有你給自己的壓力訊息（「我星期三以前必須完成，不然就慘了！」）並記住，即使發生最糟糕的狀況，你也能夠找出替代方案生存下來。善用擔憂的功能，透過發展一套因應計畫和創造安全感，可以消除想像中的災難產生的威脅感。這麼做能減輕壓力反應，減少令你分心的警訊。

3.「待辦事項」的提醒

當你沉浸在一項困難的計畫中，腦海中會由於不明原因，突然提醒你要記得買一瓶牛奶，或是冒出其他待辦清單上的事項。想避免這種類型的干擾是很合理的，你可以把這些事寫在筆記本上，讓自己不用費心試著記得，接著進行至少半小時的高品質工作，事後再處理待辦事項。這個過程能讓你做事變得非常有效率，因為你反過來運用待辦事項上的生活瑣事，當做完成工作的獎勵，而不是拖延的藉口。

4. 逃避現實的幻想

如果你認定會有很長一段時間無法休息或玩樂，你很可能會更容易幻想食物、出遊跟度假。記下你逃避現實的幻想，拿來安排往後不受罪惡感干擾的休閒時間。讓工作時間維持夠短、容易忍受的長度，並且確保自己的留白時間表上有值得期待的獎賞和社交活動，能夠讓這種干擾降到最低。

5. 原因不明的靈光乍現

在你投入工作的時候，可能會有創新的點子突然掠過腦海。這些想法可能會是充滿創意的聯想，但大多都對當下的工作沒有助益。就讓這些念頭不受阻礙地過去吧，如果你想要的話，也可以將之寫下來，晚點再想。

藉由辨認、記錄干擾，能夠把工作受到打斷的情況減到最低。也因為你知道，如果是很重要的干擾，你很快就會處理，你就能保持夠放鬆的狀態，繼續專注於完成高品質工作上。

腦內演練與預先設想

心理圖像是力量非常強大的工具，能讓你準備好面對可能的危機。在談「善用擔憂」的那一節，你學會做好創造安全感的生存計畫，藉此應對焦慮。如果用這個方式來演練日常事務，以求達到最好表現，也極為有用。腦內演練與預先設想是心理圖像的一種形式，可以幫你準備好抵擋干擾和拖延的陷阱，把注意力放在目標上。

瑪莎是一名事業非常成功的女子，因為遇到瓶頸而來找我，她手上有個特別難搞的案子，預計需要二到四週來整理。和瑪莎合作的經驗很愉快，她很快就掌握留白時間表跟不帶罪惡感玩樂的概念，還用她獨特的作風和聰明才智，把這套方法應用在她的公司上。然而，唯獨對於一個案子，她充滿恐懼和抗拒，結果面臨極大的困難。

瑪莎告訴我，這個案子有多曲折、經歷了多少難關、還有可能受到主管的批評，我逐漸瞭解她為何難以梳理這團混亂。先前她練習運用我的技巧和觀念都非常順利，讓她頗為信任我，於是我告訴她：「雖然這聽起來可能會太像新世紀心靈療癒書籍，也搞不好會讓妳被心理學用語搞得很混亂，但我希望妳閉上眼睛，慢慢深呼吸三次，然後放手，不要嘗試有意識地解決這個困境。讓妳的潛意識為這個關卡勾勒出清楚的圖像和感受，留意這個關卡多龐大，又有什麼形狀、厚度跟顏色。」

瑪莎的潛意識非常配合，讓她在腦海中想像出一道磚牆，九公尺高、一公尺半厚，徹底擋住了她的去路。我要瑪莎慢慢接近這道磚牆。不管你想像出來的是關卡、鬼怪還是猛獸，都要接近它們。

瑪莎靠近磚牆，感受這堵牆有多堅實，接著我要瑪莎等待潛意識提供一個充滿創意的解決方法。過了不久，她開始看見一道光芒從牆的一邊穿過來，就在穿過的地方，她找到一個小門，通往她的案子。這堵牆真的很厚實，但現在她明白，她不必推倒整座牆，就可以動手做這個案子。瑪莎可以留下這道牆，當做一種保護，在她想要的時候，隨時可以走過那個小門，穿過磚牆。

她的心靈提供的方式多有創意！瑪莎覺得很開心，也更瞭解自己一方面需要磚牆的保護，另一方面也需要一些彈性。先前，她一直認定必須二擇一，要嘛是保留強大又有防禦能力的瓶頸，要嘛是要完全配合這個案子的嚴苛要求；現在，她明白自己可以兩者都保留。

擺脫了恐懼和憤恨，讓瑪莎熱切期待明天早上著手工作。最初，她決定早上八點就開始，我問她這個決定是否務實，於是她重新考慮，把坐在桌前工作的時間設定為早上九點。接著，我們做了一些腦內演練，確保我們已經消除其他潛在的障礙，才能順利開始。瑪莎閉上眼睛，預先設想她要怎麼進行工作：先在腦中勾勒自己會在哪裡找到不同的文件和筆記；運用椅子的觸感來提醒自己，進行專注練習，來突破剛開始工作時的沮喪懊惱；全心投入休息時間、吃午餐、享受美好的傍晚；一整天下來都藉由呼吸使心力集中，也幫助她在遭遇瓶頸時持續投入工作。

隔週，我再度見到瑪莎時，腦內演練、專注、預先設想都發揮了極大的效用，讓她極為驚奇。她八點四十五分就開始工作，在預先設想的地方找到她需要的文件，而且事情做得非常順遂，避開瓶頸和拖延行為，在投入高品質的工作時光裡處理了一項複雜的案子。

靠著腦內演練，你會發現，自己在預先設想好的時間準時展開工作，為自己的心智提供清楚的想像、傳達易於配合的訊息，使你自然而然受到吸引，前往你設定好的地方處理你選擇要做的事務。你坐上椅子，看見真正的時鐘正指向你在腦內演練時預想的時間，會自動找回你做專注練習時的愉快感受。不到兩分鐘，你會變得放鬆、專注，有能力喚起你在玩樂、做夢時，預先「埋下種子」、由創意機能提供的解決方法，這也代表你善用更多腦部機能，工作得更輕鬆、快速。先前做的腦內演練，讓你在腦中預先鋪好了神經路徑，而能夠更容易達成最佳表現。

有效設定目標

最讓人疲憊的，就是持續擱置一件未完成的事情，永遠停擺。

——威廉．詹姆士（William James）

隨著逐步擺脫拖延的習慣，你能夠把更多注意力放在達成目標上。藉著新技巧的幫助，你能夠更有自信地挑戰規模較大的目標，也比較有機會真正達成。你不會像以前一樣和拖延行為苦苦奮戰，而是更把精力放在取得成果上，這時你可能希望慎選目標，以成功率最高的方式來設定目標。

設定目標的方式，深深影響你投入這件事情、遇到反彈是否能恢復的能力。因此，這套策略的最後一步，就是確保自己有效設定目標，減少會引發拖延行為的問題，讓你工作時更得心應手，堅持走完邁向成功的道路。

我們都有想要達成的事情，一些我們告訴自己「應該要」達成的事情，比如：增加淨利、學彈鋼琴、賺一百萬、度假、寫一本書、拿到學位、房屋修繕、減掉五公斤、花更多時間與朋友相處、更早起床……由於我們的時間和精力有限，勢必要做出選擇、決定優先順序，才能往其中一個目標更進一步，同時避免為其他未達成的目標感到失望或挫敗。

為了確保你設定目標的方式能夠幫助你克服拖延，最好只下定決心投入你能夠全心全意擁抱的目標和道路。想要避免拖延的惡性循環所帶來的挫折感，你一定要放棄無法達成的目標，和缺乏熱情的願望。

如果你有一些目標始終沒有完成，又讓你腦中不斷冒出充滿罪惡感、陰魂不散的「應該」，像是「我應該讓自己身材好一點」、「我應該更有條理」、「我應該修好後門」、「我應該打起精神去處理客戶投訴」，那情況很可能是你雖然想實現這個目標，卻不願意下決心付出需要達成目標所需的心力，或甚至是你雖然真的很想去做，卻沒辦法在塞滿的行程表中抽出時間完成。

生產者最大的秘密，就是他們能夠拋開不可能達成或短期內做不到的目標。為了設定務實的目標，你一定要願意全心全意投入通往這個目標的道路，花費需要的時間和心力，現在就開始動手。要是你抽不出時間、缺乏為這個目標努力的動力，就放棄它吧，否則它會持續糾纏著你，讓你覺得自己是不折不扣的拖延者，彷彿你明明承諾自己一定會做到一件重要的事卻失敗了。

假如你發現你對某個目標依然很有興趣，只是沒辦法現在就開始做，那麼就調整你想要達成目標的時間跟方式。把這件事當成退休後的「待辦事項」，或是當成一件可以盡情做白日夢、拖延也沒關係的事情；再不然，也可以把它當成一個「願望」，而不是目標，因為願望就不一定需要按照你原先期望的方式來達成。設定一個時間點（比如幾週或幾個月之後），到時候再重新衡量這個目標，看看自己是否準備好投入這件事，但現在你要暫時放下它，你才能專注於當下的目標，這個目標是你確定可以達成的，也會帶給你成就感。

記住，你的目標都由你掌控。別讓不切實際的目標成為自我批判的來源，也別因此再度認定自己是個拖延者。身為生產者，你很清楚哪些目標是你要全心全意追求的，哪些目標又是你該放下的。

避免反彈

我們會遲遲不願設定目標，有一部分是因為我們心知，一旦下了這樣的決心，我們就有可能會發生反彈，或是面臨會逼使我們離開舒適圈的要求。設定目標，就需要根據目標來安排事務，還會面臨期限，而且必須迎向一路上的挑戰，這些挑戰會不斷提醒你人類的極限和脆弱之處。

以下幾個步驟，能幫助你維持達成目標所需的動力、面對反彈所需要的堅強，在通往任何目標的旅途上，反彈都是再正常不過的。這三個步驟是運用本書提供的技巧，讓你更有效地設定目標。

第一步：認清拖延也需要花費力氣

放棄你可以利用拖延逃避工作的幻想吧。在這個世界上，沒有什麼事情是不需要花力氣的。無論是工作還是要逃避工作，都必須付出代價，明白了這個事實，你就能做好全心全意投入目標的心理準備。你能選擇的不是「要不要工作」，而是「要做哪種工作」，就連為了拖延而內疚也是需要花力氣的。當你決定一個目標，等於是決定投入某種能持續帶來獎勵的工作；當你選擇拖延，等於是選擇了一種會不斷懲罰自己的工作。

很明顯，如果你決定了目標、堅持走這條路、不斷挑戰自己現有的能力，就需要付出大把心力；可是，持續對生命感到不滿、保留一串未完成願望的清單，一樣會耗掉不少心力。

第二步：自由選擇每個目標

以「選擇」或「決定」的用字遣詞，來宣示你的目標：「我自由地選擇要做……」或「我會去做……」假如某個目標對你很重要，你知道你一定會用某種方式來達成，那麼「選擇做為了達成目標需要的所有事情」就很合情合理，這些事包括有趣的部分，也包括繁瑣無聊的部分。

其實，你或許會想要更迅速地解決掉無聊的部分（譬如計算所得稅報表的金額、撐過跑步的第一個一公里），才能產生掌控感、把痛苦降到最低、進入有趣的部分。在《心靈地圖：追求愛與成長之路》（*The Road Less Traveled*）一書中，作者史考特・派克（Scott Peck）描述一名有拖延習慣的財務分析師，總是先做每件事比較有趣的部分，包括吃蛋糕的時候先吃掉糖霜。派克告訴她，如果可以「在工作日的第一個小時就做完不愉快的事情，那她就能徹底享受接下來的六個小時了」。派克博士解釋道：「在我看來……與其先度過快樂的一小時，再經歷痛苦的六小時，倒不如先經歷痛苦的一小時，再享受美好的六個小時……延遲享受，代表的是妥善安排生活中痛苦和愉快的時間，先經歷、撐過痛苦的部分，接下來的快樂就會提升。」

選擇面對痛苦（因為唯有先解決掉痛苦的部分，才能開始做比較有趣的部分），會決定某件事情帶給你的體驗，以及你對拖延習慣的控制力。憑自己的意志自由做出選擇、下堅定的決心，能夠賦予自己更多能量，讓你更容易專注，也改變你對工作的體驗。正如一位美式足球員比爾在談及每日訓練時所說：「我痛恨伏地挺身，要是我把伏地挺身留到最後一項才做，那我在整個練習過程都會很害怕，徹底毀掉我對練習的態度。但是，我決定先做伏地挺身之後，反而可以做得更快，而且之後我在整個練習過程都會很愉快。這個小小的調整，就徹底改變了我對練習的感受。」

第三步：設定可執行、易於觀察的目標

如果本來的目標很籠統，就要想辦法轉化成踏實、可執行的事情。務實的目標一般會包括一個動作、一個期限、一個數字（通常是代表時間或金錢），例如：「我在六月一日之前，會粉刷完整棟屋子，一週至少投入十五個小時。」「我在十二月三十一日之前，要每天運動三十分鐘，一天少吃三百卡路里，目標是減掉五公斤。」把目標分成動作清楚、易於觀察的子目標；比如說，相較於「要在下週內完成」，更好的說法是「我在星期三下午一點之前會打十五通電話」。

要讓設定的目標真正發揮效果，你需要確實能夠執行的子目標，讓自己知道「今天」該做什麼，才能往最終目標更靠近一步。動作清楚的子目標能幫助你勾勒出時間、地點、每天該動手做什麼，好讓你在特定期限前達成目標。

如果你只設定最終目標（無效的目標通常都是這樣），那麼你對於必須做什麼只會有籠統的概念，所以更容易讓你被龐大的工作量給逼得喘不過氣。

第九章
生活中的拖延者

我們每個人都會在工作場合、家庭、交友圈中，遇到有嚴重拖延問題、因此給我們帶來不少麻煩的人，例如：晚餐總是不準時赴約的親人；一定要提醒好幾次報告交件期限快到了的員工；老是不回電的朋友。除非徹底瞭解拖延習慣的基本原因和模式（參見第一、第二章），否則大多數人都會在不知情的狀況下，造成我們管理、照護或所愛的人拖延模式更加強化。

我們會試著對伴侶、朋友跟員工諄諄教誨，告訴他們準時赴約、準時交件很重要，卻徒勞無功。不知為何，我們就是無法讓對方真正瞭解這個道理，他們甚至會像要故意氣我們一樣，情況越來越惡化。「你什麼時候才能有條理一點？」我們絕望地大喊，對方卻聽不進我們的忠告與威脅。在《拖延心理學》（*Procrastination: Why You Do It, What to Do About It*）中，心理學家珍・博克（Jane Burka）和萊諾拉・袁（Lenora Yuen）寫道：「和拖延者互動的時候，盡量採取『顧問』的角色，而不是『指揮』的角色。換句話說，要支持他們，傾聽他們，幫助他們務實一點，但不要幫他們決定任何事情，也不要批判他們的性格。」

管理有拖延行為的人

拖延會導致公司具有生產力的工時減少，還要訓練新人來取代那些無法發揮潛力的人，從而損失幾百萬到幾千萬。拖延習慣和嘗試控制拖延的無效手段，會影響我們每天的做事成效、生產出來的成果品質。如果想有效管理會拖延的人，就要設法引導他們認清自己的選擇、建立安全感，肯定他們能夠做到的事，避免說出拖延者再熟悉不過的批判。童年習得的批判性內在對話，會持續到成年之後，就好比作家葛瑞森・凱勒（Garrison Keillor）在小說《烏比崗湖日子》（*Lake Wobegon Days*）所寫的故事：一個年輕人從小受到父母大肆批判，甚少得到讚美。書中寫道：

> 你們從來不會誇獎我，要是別人讚美我，你們也很快就把這些讚美給抵銷……「他得到那個工作真的很棒。」［接著爸媽會回答］「是喔，嗯，看他能撐多久吧。」你們把我訓練得太好了，現在我也會這樣對自己說話。任何肯定我的話，我都不當一回事，我內心的否認力量比肯定來得強大多了。

還記得嗎？拖延者的負面自我形象、無效的激發動力手段，會造成他們內心持續產生這樣的對話：「我必須完成一件重要的事，要做得很完美，而且得忍受長時間一個人，不能和別人相處、不能做我熱愛的事。」對拖延者而言，自己才是真正的獨裁者，力量比任何外人都強大。因此，注重成果的管理者最好避免使用「你必須完成這個重要的工作，而且最好不要犯錯」這種訊息，這只會強化拖延者加諸己身的壓力、批判、威脅，導致他們更無法展開行動。

管理階層和老闆如果能留心拖延者會降低生產力的自我對話（參見第三章），善用能夠反擊這些話的句子，引導拖延者把注意力從缺乏生產力的事情移開，將精力放在取得成果上，就能更有效控制他們的拖延情況。

運用語言、意象與情緒，使員工能夠理解目標、產生靈感、邁向正確方向，正是領導方式有效的表徵。有能力的管理階層、教練或領導人能夠明白，每個下屬都有不同的學習方式、情感觀點。

舉例而言，常勝教練能夠掌握每個球員的不同學習風格。美式足球隊奧克蘭突襲者的前教練約翰．梅登（John Madden）曾說，有些球員只需要你告訴他們動作，就立刻知道該怎麼做；有些球員則需要你用圖像示意，才能夠在心中形成影像；有些球員則一定要實際演練過，用身體真正去「感受」、「看見」、「聽見」那些動作，才能確實理解。相同的道理，也適用於訓練新兵和公司內訓。能發揮訓練效果的教練會瞭解員工的動機、恐懼、會嘗試的解法，確保在和員工溝通的過程中，可以處理這些需求和恐懼，使員工不再那麼倚賴缺乏生產力的解決方式（包括拖延）。

假如想有效地和拖延者共事（換句話說，就是大多數人），管理階層要記住，大部分拖延問題的根源都是三大議題：**受害者心態、被壓得喘不過氣、對失敗的恐懼**。成功的領袖和管理階層需要妥善處理這三個問題，方法包括：溝通時避免迫使對方順從，而是要讓對方下定決心投入；將重點放在能夠處理的目標，而不是讓對方負荷過度的期待；不忘肯定對方做對的事，而不是只批評錯誤。這種領袖採取的管理風格，必須將員工拉向目標、聚焦於跨出每一步、提供適當的安全感和獎勵。

全心投入 VS. 順從

相較於單純的順從，全心投入一項任務，會激發更多創造力和動力。奠基於順從的管理方式，會導致管理階層負擔沉重，因為要維持足夠的權威，迫使員工毫無異議地服從命令。麥葛瑞格（Douglas McGregor）在《專業經理人》（*The Professional Manager*）

一書中表示，強迫式的管理風格雖然會發揮一定的成效，卻容易在無意間使員工產生負面反應，例如敵視和不願配合規定、缺乏興趣或熱情、越來越需要密切監督、行政成本增加。

要求順從

「你最好中午前完成。」
「你必須準時到這裡，不然你就慘了。」
「你要完全按照我教你的方式做。」
「我是老大，所以照我說的做就對了。」

諸如「應該」、「必須」之類的命令，暗示外界的權威人物發出威脅，強迫受害者做一件違背自身意願的事。這類命令的訊息會激發無力感、矛盾、憤恨和抗拒，當事人經常會透過拖延來表現這些情緒。只要提供員工合理的出口，讓他們有機會展現自身的力量、對於工作計畫的掌控權，而不需要依靠拖延來消極抵抗，拖延的行為就會大幅降低。

允許員工參與會影響他們工作的決定，假如讓他們選擇如何執行指令，能夠激發他們全心投入一項工作的意願，進一步產生要達成高品質工作的責任感，而不是被要求順從時容易出現的「不要就拉倒」做事態度。

當員工不再只扮演受害者角色、消極地配合要求或威脅，他們就不再需要躲避懲罰，反而可以放下對於權威的抗拒，發揮動力和創造力完成工作。

激發投入的意願

「你能不能在中午前給我一些東西？只要草稿就好。」

「這件事我交給你負責，所以希望你九點準時到達。」

「我們必須信任彼此的工作能力，所以我需要你照著這些指引來做，要是你有任何問題就告訴我。」

「我要負責管理這個小組，但有些事情是我看不到的，我的工作方式難免會有盲點，所以我需要你的幫忙，要是我疏忽掉什麼就提醒我。」

身為管理者，你需要控制某件任務完成的時間、工作的品質，但你沒辦法所有的事情都一手包辦。想要發揮效率、取得效益，你一定得把工作分給信任的員工；為了取得工作成果，你一定要向員工傳達，你把責任和參與的權力交給他們，需要他們全心全意投入工作。

注重開始 vs. 注重完成

為了完成重大任務，必須趕上許久以後的某個期限，這種「工作極為龐大」的感覺，會使拖延者產生焦慮，讓他們要不是企圖一口氣做完，就是乾脆逃避動手開始。某些人太容易焦慮、被工作壓得喘不過氣，所以凡是為期超過一週的工作，都需要由管理者細心拆解成容易執行的小部分，好讓拖延者能夠立即動手，也避免傳達出過於注重「完成工作」的訊息。

強調完成

「你什麼時候能夠做完這個計畫？」

「你星期五以前必須完成。」

「該做的事很多。」

「要記住，期限只剩兩個月了。」

雖然這些訊息的優點是很直接，卻顯示管理者不明白，拖延行為的問題就是被工作弄得不知所措導致無法開始、無法設定務實的時間限制、難以判斷工作品質是不是已經夠好、沒辦法為了及時完成而做出必要的決定。這些訊息也導致拖延者把完成一件工作當成目標，但這個時間點可能是在遙遠的未來，卻不知道何時該開始。如果用這麼籠統的指令，很可能迫使完美主義者把事情做得太複雜、搞得成本太高，遠遠超乎你的需求。

有效的管理者會瞭解，最好藉由溝通，讓員工知道展開一項計畫的必要步驟；他們也明白，克服一開始的惰性就成功了一半。面對很難跨出第一步的員工，有效的管理者會花時間預想可能造成瓶頸的原因，例如浪費時間追求完美、想要一次完成整個任務結果無法負荷、無法運用３Ｄ思考建立子目標、清楚勾勒出開始工作的時間和地點。如果透過３Ｄ思考，建立清楚明確的細項目標和期限，你和你監督的拖延者都能夠掌握何時該完成哪件事。

清楚表達要從何處開始

「你什麼時候可以動手做初稿？」

「這個我下週五要，星期二早上十點我們開個會，到時候先擬一個初步的草稿給我，我們一起討論。」

「你能不能草擬一下關閉瓊斯帳戶的必要步驟，三點前給我？然後我們再一起制定一份實際的時間表。」

「如果要在兩個月內完成史密斯的那個案子，我星期五前就需要初步計畫，你做這件事的時候，需不需要其他人代為處理其他職務？」

根據員工對於這些問題的回應，你就會知道自己是否成功傳達了計畫的緊急程度，以及你第一次審核時需要把成果做到什麼程度。這些問題能讓員工把注意力聚焦於一項小計畫，這件事可以當下就開始做，而且短期內需要受到檢核。他們的回答，也能幫助你釐清自己的優先順序、這項計畫的時程表。

在這些例子中，管理者避免激發拖延者為了追求完美而焦慮的習慣，並利用３Ｄ思考來建立工作時程（從初稿到最終成品），以免讓拖延者產生被壓得喘不過氣來的感受。因此，員工不需要擔心在整個計畫完成時必須受到「最終考核」，因此嚇得無法動彈，反而能定時交出進度。每次管理者和員工開會，都能幫助員工分擔這項重要計畫，也讓他有機會得到進一步回饋，指引他該往什麼方向繼續前進。

哥倫比亞大學的管理教授雷納德・賽爾斯博士（Dr. Leonard R. Sayles）表示，雖然「多數管理階層都把自己當成決策者和發號施令的人，但相較於管理者真正需要做的事情，這種觀點實在是消極得不切實際，因為在讓下屬理解命令的過程中，就很可能發生嚴重的問題。不管用字遣詞再怎麼審慎，許多重要的命令都需要非常複雜的執行方式……主管一定要持續採取行動、持續傾聽。就算命令很明確，但只有在主管監督下屬所做的每個次要決定和交易時，這些命令才有真正的意義……主管還要不斷引導下屬，讓他瞭解主管下令時想要表達的意思。」賽爾斯博士還認為，下屬若產生誤解，通常是由於未能與主管保持暢通的溝通管道，而不是下屬的動力不足。

取得成果或給予批判

當管理者為了發洩怒火或嘗試激發動力，所以批評員工或以工作要脅，反而可能扼殺員工的生產力，造成拖延。假如員工必須不斷思量：「這樣做夠好了嗎？能讓我免於受到責備嗎？要是我失敗，我會不會丟工作？」這樣員工就沒辦法發揮全部潛力取得進展，因為他們要分心擔憂是否能熬過主管的怒火、維持自身的尊嚴。為了達成最大的工作效益，員工對於主管批判自己人格、價值、應得獎賞的恐懼，就必須被減到最低。

批判當事人

「你根本做不好，你到底有什麼問題？」

「這份報告根本沒抓到重點，你這樣搞下去絕對不可能做完。」

「你老是這樣，每次都遲到。」

「你這次真的搞砸了。」

類似這樣的話語，由於人身攻擊、籠統又反效果的批判，會造成當事人的壓力，卻又無法引導當事人採取正確的行動。不要讓員工受到人身攻擊而分散注意力，而是要讓員工能夠專注在能開始進行（並完成）工作所需的必要行動。員工自己的不安全感，顯然不是管理者該解決的問題；但是，管理者有責任創造適當的工作環境，讓員工能夠專注於手頭的任務、迅速改正錯誤，不需要分神擔憂主管的批判和責怪。要是真的出錯，一定要避免做出批評和威脅，最好安撫員工，比如：假如他願意學習，就會提供訓練；在學習新職務的時候，生產力稍微降低是可以接受的；管理階層注重的是要如何引導下屬達成目標，而不是單純發號施令跟怪罪他人。

如果做對的事會受到極力讚美、就算批評也是有建設性、聚焦於需要改善的領域，一個人學習的速度會比較快。如果可以，表揚最好用寫的，這樣會別具意義，也更能激勵其他同事。就如以下範例，即使只是小小建議需要改善之處，也應該先肯定對方。

讚美

「我真的認為你把瓊斯帳戶那件事處理得很好。」

「你補交的報告很清楚、簡潔。」

「你對這件案子的後續追蹤做得很完善。」

「你把客訴處理得很好。」

需要改善的情況（提供有建設性的建議）

「我真的認為你把瓊斯帳戶那件事處理得很好。我覺得你還可以拿到更好的成果，讓下一個案子的壓力減少一點，只要你按照平常的期限通知總部就好。」

「你補交的報告很棒，非常清楚、簡潔、切中重點，只要稍微修改最後一部分，就會更出色了。」

「你對這件案子的後續追蹤做得很完善，不過我希望你實際去拜訪他的工廠，敲定他的合約。下一次，你被派到另一個案子時，要盡快敲定實地拜訪的日期。」

「你把客訴處理得很好，我希望你可以想想看能夠怎麼避免類似的客訴。」

之所以要結合讚美和有建設性的建議，是因為這樣能讓員工更清楚哪些行為是正確的、哪些行為需要進一步努力，同時又不至於造成壓力，妨礙他們學習的能力。如果先肯定他們做的一件工作，再說出批評，能夠減輕他們對於犯錯和失敗的恐懼。肯定下屬做對的事情和付出的努力，在不至於冒犯下屬的情況下給予引導，下屬也比較容易把批評視為如何完成公司目標的指示。

T. O. 雅各布斯（T. O. Jacobs）在關於領導能力的重要著作《正式組織中的領導和交換》（*Leadership and Exchange in Formal Organizations*）中表示，擔任領袖的第一要件是持續給予應得的獎勵，藉此建立互信。假如領袖用不公平或前後不一的行為破壞互信，將導致員工強烈的怨恨、憤怒、報復，這些都是造成拖延的潛在因素。這個必須持續給予獎勵的原則，牽涉到的不只是公平，還需要管理者選擇正確的目標、給予明確的期待、幫助員工善用自身技能達成目標並計畫怎樣避開或克服障礙、瞭解付出多少值得什麼樣的獎勵。

以下這幾條方針，能幫助管理者提升生產力、避免造成拖延的命令和行為。這些方針結合了本書提供的策略，以及雅各布斯認為的領袖特質，能夠激發員工強烈的動力。

◆明確表達你的優先順序

讓員工知道哪些事情要先做，並且堅守這個優先順序。假如你不斷違背設定好的優先順序，頻繁要員工處理緊急事項，員工就會認為你變來變去，也因為一直預期會有緊急事項而拖延。在一般情況下，減少要緊急處理的事項和危機；把事情歸類為「緊急」時，要採用更嚴謹的標準。遇到真的必須調整優先順序的時候，最好把確實很緊急的事情分派給不同的員工，還要提供合理的支援，讓他們可以卸下一部分其他職務：「優先進行瓊斯這個案子，其他事情都可以晚點再處理，別的案子可以盡量找別人幫忙。」

◆要果決

不要像優柔寡斷的將軍一樣，不停變更挖散兵坑的地點，結果士兵想盡辦法打混摸魚。如果要員工反覆做些困難複雜的工作，不僅浪費精力，也會強化拖延行為。謹慎考量你的決定、支持員工、分派明確而且能達成組織目標的任務，藉此加強員工對你的信心。

如果你不確定該做哪些事，不妨鼓勵下屬參與決策過程，請他們為幾項計畫擬定初步規畫，不要在時機未到的時候就堅持要做出成品：「針對這個案子，我們可以採取幾種方式，我希望你們腦力激盪看看，中午給我一些點子，我來決定哪個做法最好。」

◆態度公正，頻繁給予獎勵

美國首位心理學教授、曾在哈佛任教的威廉・詹姆士，說過渴望受到認可是人類天性中的深層需求。身處權威地位的人只要給予一點肯定，就能滿足員工的這項需求，效力長久，還能深深影響員工的使命感和在公司中的歸屬感。如果頻繁加以鼓勵，能夠幫助員工在當下激發動力，持續邁向目標，以求得到久遠以後的獎勵。運用細項的目標和期限，使員工產生更多成就感，並藉機提供獎勵或指引方向，使員工堅持下去完成重大任務；運用事先排定的會議，藉機獎勵員工的進度，給予有建設性的回饋，讓員工知道你想要的方向：「約翰，你的工作成果真的讓我很驚豔，只要再修飾一下、加幾張圖表，就是非常出色的報告了。你希望下次什麼時候開會？我們來討論一下要怎麼修改。」

◆給予有建設性的回饋

把回饋聚焦於達成目標上。如果員工犯錯，要表達出你由於雙方的溝通不夠明確、無法一同達成目標，也對自己感到失望。不過，要把重點放在為了達成目標、避免未來發生同樣的錯誤，必須採取哪些措施，進行必要的補救：「這種狀況是無法接受的，我們這次真的造成很大的誤會。下次有客戶提出相同的要求，要確定你知道他們的意思，跟某些客戶溝通時最好請口譯。這次多買的材料，看看我們能不能用在其他案子上。」

和拖延者一同生活

作家爾瑪．邦貝克（Erma Bombeck）曾說，如果和你一起居住的人也患有「不好意思我遲到了」症候群，你就得認命，你永遠趕不及看新娘子走紅毯、看電影的開場、聽每場球賽開始時會播放的音樂。

不少情侶和夫妻都為了這些問題吵架多年，有些甚至為了錯過聚會和慣性拖延而分手。我們一會苦苦哀求，一會恐嚇威脅；被迫扮演要負責嘮叨碎念的角色，感覺幾乎就跟有人一直在旁邊嘮叨碎念一樣差。嘮叨只會讓雙方心生怨恨，其中一人覺得外在出現了一個不斷施壓的權威，必須加以反抗，另一人則覺得自己受到操縱，被迫扮演對方的爸媽。

拖延者被嘮叨的時候，常常身處於孩童般的位置，讓他們覺得不受尊重，因為別人強勢地告訴他們該怎麼做。因此，相較於準時抵達聚會、參與活動，反抗權威反倒變得更重要。然而，要是將他們視為成熟、能夠決定自身行為的大人，保持這樣的態度來與他們溝通（「我八點要出發」），我們生活中的拖延者就能夠「選擇」陪你一起去，或是讓你自己赴約。擁有選擇的機會，能避免讓他們覺得自己像個受害者，必須配合你感受到的時間壓力。

雖然你關愛之人的拖延行為模式可能會直接影響到你，但你絕對不要把這些事情當成是針對你而來的。多數拖延者必須應付自己的完美主義、對於失敗和成功的恐懼，或是其他拖延行為的潛在因素，導致他們難以保持務實的時間觀念，不知道自己完成一件事務到底需要多少時間。

他們常常會無意識地測試你，看看他們實際上擁有多少時間可以逃避嚇人的工作，反覆追求完美，來延遲他們預期會得到的批判。這代表對拖延者而言，相較於「八點要吃晚餐」，比較有幫助的說法是「我們七點就要讓孩子準備好，然後七點半出發」。你可以善用 3D 思考和反向行事曆，讓你生活中的拖延者明白，準時抵達目的地必須採取哪些步驟。

反過來說，如果你告訴他們幾點要走，時間一到就準時離開，不留下來等他們，拖延者也不應該把這個情況當成是在針對他們。你可能要解釋（雖然你沒有做錯什麼事情），為什麼你對於準時這件事情比較緊張。你會希望他們可以明白、體諒你這份小小的執著，不過要是你在說好的時間準時出發，會對你們之間的關係比較好。

記住，這一整個「必須準時」的問題，其實是你的問題。責怪拖延者既沒有效果，也不適當。要是你向他們承認，你就是有必須準時這個煩人的小習慣，溝通可能會更有效：「我不像你這麼適應力強、可以即興發揮，所以我覺得一定要現在就開始，為即將到來的期限做準備。」你也可以說，因為你真的太喜歡控制了，所以你還得用反向行事曆這個技巧，確保準時抵達婚禮場地或電影院；老實說，你不過是個不完美的普通人，所以需要仰賴這些方法，來衡量自己需要多少時間準備、搭車時間會花多久，正因為你很瞭解自己神經質的一面，所以你說開始的時候就一定會這麼做，以免變得太焦慮。你可以補上一句：「我不像你一樣，很享受最後一刻趕工的刺激。」這樣一來，他們會更願意聽你說，於是你就能誠實要求他們的體諒和配合，幫助你控制自己的焦慮。

一對顯然因為個性相反而相互吸引的伴侶，由於拖延行為產生的衝突，來向我尋求協助。大衛總是乾淨整潔、準時、有條有理，職業是工程師，從小在理性（可能有些壓抑）的家庭中長大，家人都是科學家，所以他相信每個人都應該像他一樣，做事乾脆俐落又有效率。他妻子凱倫的童年及成長背景卻大相逕庭，凱倫的父母開一間小雜貨店，家人之間常產生強烈的情緒衝突；就像大衛自然而然地選擇擔任工程師，她也順理成章選擇投入社工這一行。

大衛越常告訴凱倫準時守約很重要，凱倫越是覺得自己就像小孩，受到憤怒的父母或老師施壓；大衛越是批判，凱倫越覺得自己可憐、內疚、不知該如何是好。凱倫本來有效、成功地掌控著生活，但是才認識大衛不過半年，凱倫就變成了一個連記帳、加油、赴約等日常瑣事都做不好的孩子。

大衛在不知情的狀況下，扮演了權威人物的角色，不斷告訴凱倫該做什麼、必須做什麼。但他不知道的是，他助長了凱倫對於因為不完美而受到拒絕的恐懼，也強化了凱倫內心那個父母的聲音，這個聲音甚至比大衛更嚴苛、更批判。大衛和凱倫並不知道壓力／拖延行為的惡性循環，結果陷入一場令人氣餒的拔河之中：其中一方會拋出一個要求，另一方則覺得自己必須全副武裝迎戰。

在會談的過程中，我向他們解釋拖延行為的潛在因素（參見第一章），讓他們明瞭，拖延不是性格缺陷，而是一種習得的保護反應，以對抗壓力、不堪工作負荷的感受、對失敗和成功的恐懼。我希望大衛和凱倫知道，假如這些潛在的恐懼能夠減輕，就能迅速解除這種後天習得的拖延策略。

大衛必須把重點放在成果上，而不是強迫凱倫接受他對於一個人該怎麼工作、怎麼面對期限的觀念；他也必須瞭解，他扮演父母般施加壓力的角色，反而會造成反效果、降低他的吸引力。凱倫需要保持自己擁有權力的感受，避免扮演受害者時採取的消極抵抗；她也需要重拾自信，其實她本來的拖延行為相對輕微，後來才因為大衛的批判和壓力而惡化，在那之前，她一直用自己的方式把事情做好。

我開給他們的第一項功課，用說的比實際做起來要輕易。我要他們兩個避免嘮叨、給意見、提醒對方該做什麼，他們失敗了幾次，但光是試著避免這些行為，就讓兩人意識到他們平時的溝通多像父母訓話，而且發現雙方根本不需要建議或提醒就能過得很好。這項練習讓他們再度尊重起對方成熟、負責的行為，也看清雙方優先順序不同之處。比如說，在大衛心中，保養好車子的優先程度比凱倫認為的高出許多，而對凱倫而言，準時前往晚餐聚會的優先程度比大衛認為的高。這些價值觀和觀點的差異必須受到尊重，他們才能用「我想要、我選擇、我做好決定了」的用詞，進行明確的溝通——也就是說，在不會威脅對方、要求對方應該配合的情況下，使用自我充能的直白表達方式。很快地，像是「請你去幫車子加油」、「我希望七點整準時出發」這樣直接的說法，就取代了以下這類句子：「你應該要記得幫車子加油才對啊，你是有什麼問題？」「我們又要遲到了，為什麼只要遇到這些對我來說很重要的事，你都沒辦法準時？」

儘管大衛和凱倫繼續在自己的一些事情上拖延，他們卻更加清楚彼此的優先順序，更仔細傾聽不帶責備的要求，學會辨認嘮叨的陷阱，明白告訴對方要如何展開一項計畫，藉此幫助彼此克服拖延。他們也學會在尊重對方價值觀的情況下表達自身需求，更注重成果，而非責怪跟控制。

即使你生活中的拖延者沒有讀這本書，你依然能善用本書提供的策略，讓雙方溝通得更清楚，也向對方示範如何像個生產者一樣，進行高品質工作、不帶罪惡感地享受休閒娛樂。

結語

運用本書裡的技巧，多方嘗試，依照個人風格和狀況加以微調；對於改變保持開放的態度，告訴自己：現在的你擁有本書提供的新工具，能夠改掉舊有的拖延行為模式，發揮全部的潛力。避免「我會試試看」或「沒有用」之類的自我對話，這些句子代表你只不過是玩票性質，而不是下定決心要做到。「我會試試看」背後蘊含的感受，是你不願意全心全意去做，於是就會失敗；至於充滿失敗主義的「沒有用」，則意味著你沒辦法找到能解除所有焦慮的方法、你的問題依然懸而未決、你很可能重拾拖延這個老方法來逃避恐懼和不自在。相對地，「我該怎麼讓這些技巧發揮作用？」這句話，則反映更強的決心、邁向成功的動力。

希望你善用本書的策略，真正發揮自身的能力，激發動力和內在的天賦。有這些技巧做為你的盟友，你可以期待自己的工作態度變得更正面、成功控制拖延行為、擁有應對反彈的韌性，並且認同自己是個生產者。

擊敗拖延，就從當下的三十分鐘開始

10 大技巧，克服拖延習慣，轉變為高效生產者，
休閒時光不再有罪惡感

THE NOW HABIT:

A STRATEGIC PROGRAM FOR OVERCOMING PROCRASTINATION AND ENJOYING GUILT-FREE PLAY

作者　尼爾・費歐（Neil A. Fiore）
譯者　許宜庭
編輯　曾婉瑜
行銷企畫　陳羽杉
封面設計　周家瑤
版面構成　賴姵伶
發行人　王榮文
出版發行　遠流出版事業股份有限公司
地址　104005 臺北市中山區中山北路 1 段 11 號 13 樓
客服電話　02-2571-0297
傳真　02-2571-0197
郵撥　0189456-1
著作權顧問　蕭雄淋律師
2024 年 6 月 01 日 二版一刷
定價新台幣 340 元

ISBN　978-626-361-706-3
遠流博識網 http://www.ylib.com E-mail: ylib@ylib.com
（如有缺頁或破損，請寄回更換）

國家圖書館出版品預行編目 (CIP) 資料

擊敗拖延，就從當下的三十分鐘開始：10 大技巧，克服拖延習慣，轉變為高效生產者，休閒時光不再有罪惡感 / 尼爾．費歐 (Neil A. Fiore) 著；許宜庭譯．-- 二版．-- 臺北市：遠流出版事業股份有限公司，2024.06
面；　公分
譯自：The now habit : a strategic program for overcoming procrastination and enjoying guilt-free play
ISBN 978-626-361-706-3(平裝)
1.CST: 成功法 2.CST: 生活指導 3.CST: 時間管理
177.2　　113006357